# 自强之道

## 船政历史文化陈列

中国船政文化博物馆 编

海峡出版发行集团
福建人民出版社

1840 年鸦片战争以后，西方列强在中华大地上恣意妄为，封建统治者孱弱无能，中国逐步成为半殖民地半封建社会，国家蒙辱、人民蒙难、文明蒙尘，中国人民和中华民族遭受了前所未有的劫难。英雄的中国人民始终没有屈服，在救亡图存的道路上一次次抗争、一次次求索，展现了不畏强暴、自强不息的顽强意志。

从那时起，实现中华民族伟大复兴就成为中华民族最伟大的梦想。

——2021 年 10 月 9 日，习近平在纪念
辛亥革命 110 周年大会上的讲话

自强之道
船政历史文化陈列

**“自强之道——船政历史文化陈列”展览入口**

“自强之道——船政历史文化陈列”是中国船政文化博物馆的基本陈列，属于通史展览。展览标题中的“自强之道”四个字，出自历史上船政所获得的国家评价。19世纪60年代，近代中国开启了旨在追求自强的近代化运动，船政就是洋务自强运动的重要成果。

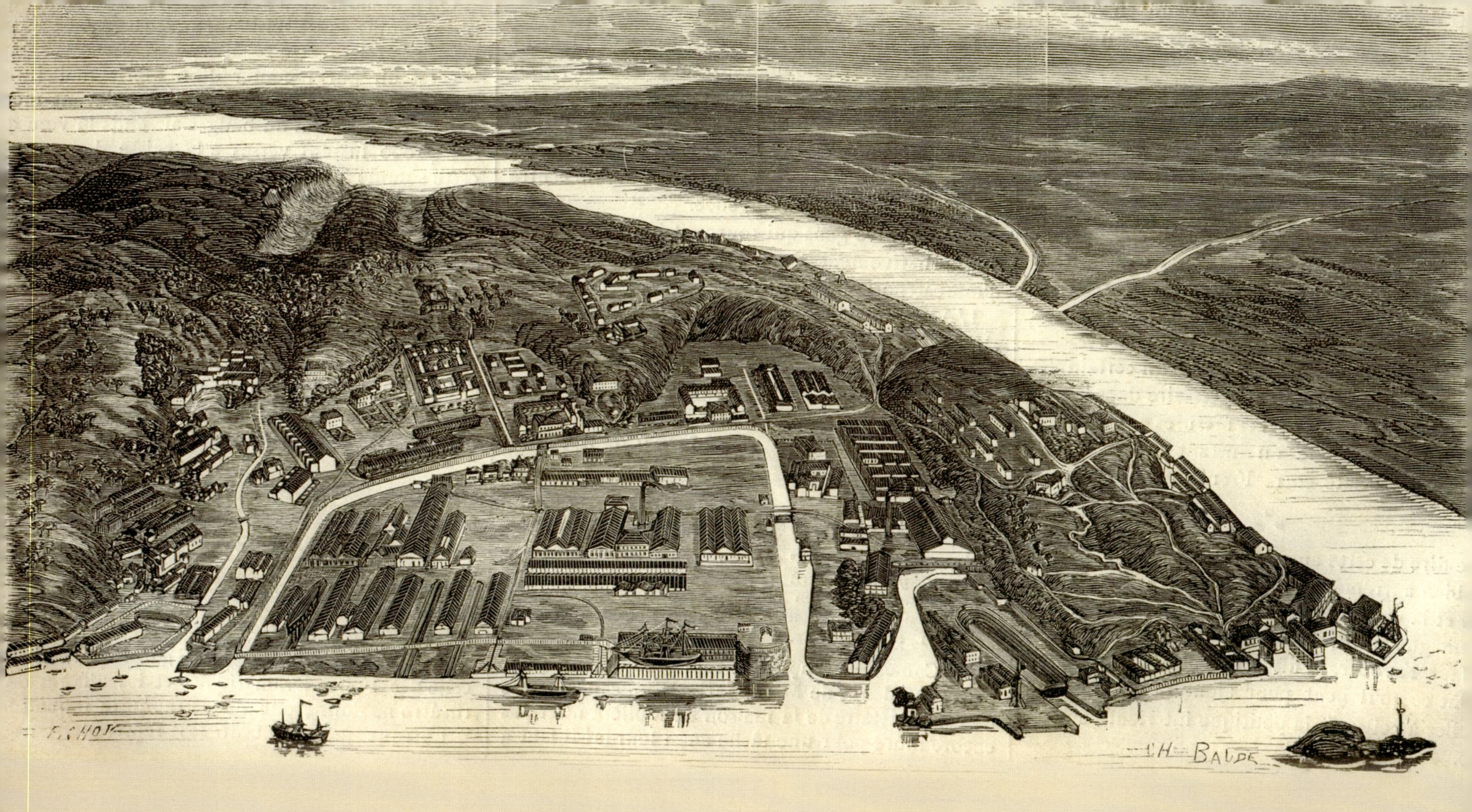

展示 19 世纪 70 年代全盛时期的船政的西方铜版画作品

# 前言

中国船政文化博物馆（原名中国近代海军博物馆）筹创于1997年，1998年正式开馆，馆址位于福州市马尾区马限山南麓，与马江昭忠祠毗邻。2022年，为了更好地促进博物馆发展、弘扬船政历史文化、彰显船政精神，中国船政文化博物馆整体搬迁至船政旧址区域，对马尾造船股份有限公司综合仓库进行改造利用，作为博物馆新馆舍，“自强之道——船政历史文化陈列”是博物馆迁至新址后设立的基本陈列。

“船政”一词，在明代已频繁使用，当时意指船舶建造事务。1866年，闽浙总督左宗棠奏请在福州马尾设厂造船，而后该机构定名“船政”，使这一名词有了全新的含义，成为机构的专用名。1866年设立的船政，其性质大致类似同时期西方国家的海军部，由钦派大臣管理，具备舰船设计建造、海军与工程师教育、技术工人培养、海军舰队编练等多项职能，开辟了一条学习西法，自主研发装备、自主培育人才、自主建设近代海军的建设路径，被评价为“中国自强之道”。从宏观的大历史视角观察，船政又不仅是一个机构。自鸦片战争始，西洋列强跨海联樯而来，面临三千年未有之大变局的中国，将解决以“船”为具体表象的海防近代化问题视作关乎生死存亡的事务，应时而生的船政是洋务自强运动中的点题之作，是中华民族伟大复兴征程中的重要探索和早期实践，是体现中华民族自强不息精神的重要标识。

基于这样的认识和理解，作为中国船政文化博物馆重要基本陈列的通史陈列定名“自强之道”，共由五部分构成，总体展现船政的历史脉络和重大成就，“向海图强、民族复兴”的精神主线贯穿始终。第一部分“历史背景”，是船政诞生的时代背景，介绍了鸦片战争爆发后近代中国面临的海防危机，以及仁人志士探索救亡之路的基本历史。第二部分“船政诞生”，介绍闽浙总督左宗棠创议设立船政，以及在首任船政大臣沈葆桢的领导下，船政采取中外技术合作的模式，于1867年至1874年完成各项创建目标、取得巨大成功的历史，体现船政的爱国精神。从第三部分开始，展览分别介绍船政在其历史发展过程中的三项主要成就：第三部分“船政教育”，介绍被视为船政根本的船政学堂、艺圃等教育机构的学制、影响、演变发展等，体现船政的科学精神；第四部分“船政制造”，介绍船政生产制造部门的构成和演变，以及船政在近代所建造的著名舰船、飞机等工业产品的情况，体现船政的创新精神；第五部分“船政海军”，介绍由船政诞生的中国近代海军的发展过程，及其在1949年汇入中国人民解放军的经过，体现船政的图强精神。

作为以船政、近代海军为主题的专题博物馆，中国船政文化博物馆在相关藏品的丰富程度方面独具优势。尤为感人的是，这些藏品大量来自船政和近代海军家族的无私捐赠，其中很多是由台湾地区的家族捐赠的，体现了船政和近代海军家族的深情厚谊，也反映了福州马尾作为中国近代海军发源地的文化凝聚力。“自强之道——船政历史文化陈列”从馆藏品中选取近千件展出，并委托专业机构创作漆画、油画、雕塑、场景、装备模型、沙盘等艺术品，丰富展陈的内容和形式。

本书以“自强之道——船政历史文化陈列”展陈大纲为文字基础进行编写，同时撷取重要的展品进行介绍，以图文形式呈现这一基本陈列的概貌。希望“爱国、科学、创新、图强”的船政精神，激励你我。

中国船政文化博物馆

2025 年 1 月

中国船政文化博物馆

# 目录

爱国
科学

**浮雕作品《启航》**

浮雕巧妙地融入了船政文化的要素，体现了以“爱国、科学、创新、图强”为核心的船政精神。浮雕中央乘风破浪的军舰造型以船政建造的中国第一艘千吨级蒸汽动力军舰“万年清”为原型，象征着船政在诞生时冲破旧时代黑暗的枷锁，追寻近代化的光明，在探索中华民族伟大复兴的征程中扬帆启航，劈波斩浪。

**雕塑作品《船政精英》**

雕塑展现的是船政历史上著名人物的形象。居中手持文件的是首任船政大臣沈葆桢，在他左手边的是船政创始人左宗棠。他们两旁是船政学堂所培育出的杰出人物，从左至右依次是“近代中国铁路之父”詹天佑、海军英雄邓世昌、启蒙思想家严复、海军名将萨镇冰。船政人物在近代中国社会的很多方面都取得了突出成就，产生了重要的影响。

# 历史背景

19 世纪，工业革命在欧洲全面兴起，西方列强凭借先发优势，以坚船利炮开路，加速向全球进行扩张。古老的中国接连遭遇列强入侵，面临前所未有的巨大变局，国门洞开，主权沦丧。为了挽救危亡、谋求自存，中国人民开始了寻求自强的探索。

“自强之道——船政历史文化陈列”第一部分“历史背景”入口

## 一、严峻的海疆危机

近代西方列强对中国的侵略始于海上。两次鸦片战争中，面对列强近代化舰队的坚船利炮，中国传统水师无力抗衡，沿海门户处处失防，酿成了严峻的海疆危机。海防自强成为近代中国人追求国家自强的最初目标。

表现第一次鸦片战争中《南京条约》签订场景的英国美术作品

**“……犯顺厦门报警”碑**

年代：1842 年
尺寸：纵 230 厘米，横 92 厘米
来源：闽安协台衙门旧藏

闽安位于闽江下游的北岸，控扼险要的闽安江峡，唐代设巡检司衙门，清代是绿营闽安水师协的主要驻地，在巡检司衙门旧址设水师协副将衙门。本碑刻于 1842 年，属于纪事碑，正面碑文记述了鸦片战争爆发后，清政府下令闽安水师“布置兵防”、防范英军入侵福州等事，背面碑文则记录当时为了布置防务进行劝捐、所有捐资人的姓名及捐资金额，是反映鸦片战争历史的重要文物。

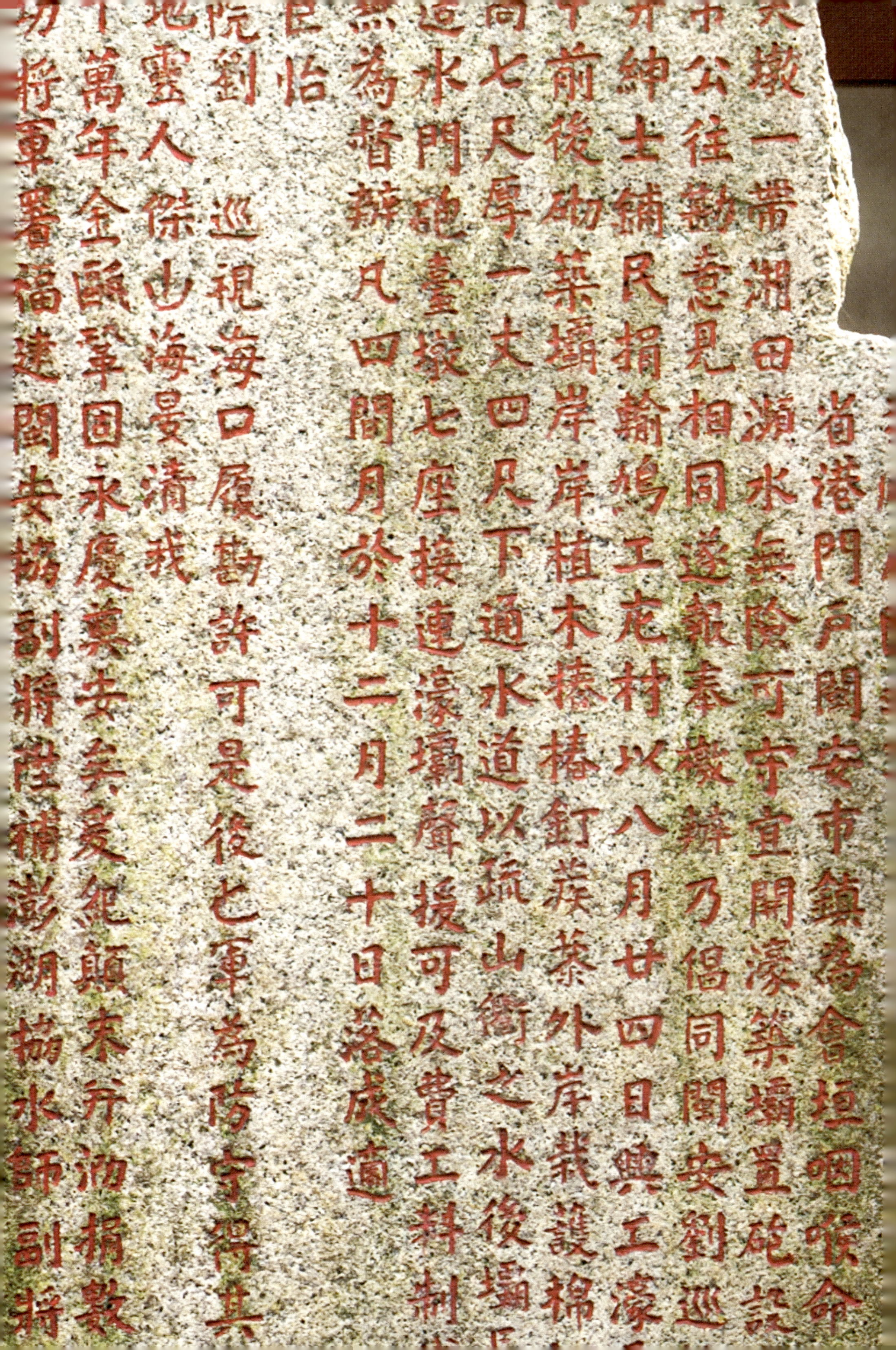

省港門戶閩安市鎮為會垣咽喉命
英墩一帶湖田瀨水無險可守宜開濠築墩置砲設
市公往勸意見相同遂報奉撤辦乃倡同閩安劉巡
并紳士鋪民捐輸鳩工庀村以八月廿四日興工濠
年前後砌築墻岸岸植木樁樁釘蒺藜外岸栽護棉
向七尺厚一丈四尺下通水道以疏山衢之水後墻
道水門砲臺墩七座接連濠墻聯接可及費工料制
無為督辦凡四閱月於十二月二十日落成適
臣怡
院劉　巡視海口履勘許可是後乞軍為防守得其
地靈人傑山海晏清我
千萬年金甌鞏固永慶奠安矣爰紀顛末并泐捐數
功將軍署福建閩安協副將陞補澎湖協水師副將

清代 6 000 斤前膛铁炮

年代：1841 年

尺寸：直径 55 厘米，长 355 厘米

来源：闽安亭江炮台出土

鸦片战争爆发后，闽浙总督等下令加强闽江沿线防御，两门 6 000 斤大炮即在这一历史背景下应急铸造，属于旧式的前膛铁炮。原设于闽安北岸炮台，2011 年闽安北岸炮台修缮时出土。

皇帝諭祭陣亡總兵江繼芸之靈曰
鞠躬盡瘁臣子之芳踪卹死報
勤國家之盛典爾江繼芸賦性
忠直國爾忘身禦敵衝鋒奮勇
陣殁朕用悼焉特頒祭葬以慰
幽魂嗚呼圭昭不朽之榮庶享
匪躬之報爾如有知尚克歆享

**清道光阵亡总兵江继芸御赐祭文**

年代：19 世纪 40 年代
尺寸：纵 43 厘米，横 52 厘米
来源：江桐生捐赠

**清设色江继芸跪拜图**

年代：19 世纪 30 年代
尺寸：纵 100 厘米，横 74 厘米
来源：江桐生捐赠

江继芸（1788—1841），字源选，福建平潭人，清代水师将领。1808 年投军，入绿营水师海坛镇，因军功屡获晋升，累迁至福建绿营水师金门镇总兵。在 1841 年 8 月 26 日爆发的鸦片战争厦门之战中，江继芸指挥守军抵御来犯的英军，浴血奋战，最终官兵伤亡殆尽，后援不继，江继芸投海殉节。清政府特颁御赐祭文。

清金漆木雕江继芸“天命”木函（左）
年代：19 世纪三四十年代
尺寸：纵 9.6 厘米，横 7.5 厘米，厚 2.5 厘米
来源：江桐生捐赠

清金漆木雕江继芸“天与”木函（右）
年代：19 世纪三四十年代
尺寸：纵 9.6 厘米，横 7.5 厘米，厚 2.6 厘米
来源：江桐生捐赠

## 二、睁眼看世界

鸦片战争爆发后，以林则徐为代表的一批思想先进的官员知识分子，思考中国遭受列强入侵的失败根源，不顾保守势力阻挠，不计个人成败得失，主张开眼看世界，学习西方先进科学，以此巩固海防，抵御侵略。当时，获取近代化的蒸汽动力军舰，被视为巩固中国海防的关键所在。

林则徐

林则徐（1785—1850），字少穆，福建福州人，清代政治家、文学家、民族英雄，领导虎门销烟，主持编译《四洲志》。从鸦片战争开始，以林则徐为代表的有识之士就开始思考如何自强。

**魏源**

魏源（1794—1857），字默深，湖南邵阳人，清代思想家、学者，经世致用思潮的积极倡导者和实践者，撰有《圣武记》《海国图志》等。

**徐继畬**

徐继畬（1795—1873），字松龛，山西忻州人，曾任广东按察使、福建布政使、福建巡抚，经世致用思潮的代表人物之一，撰有《瀛寰志略》。

**总理各国事务衙门**

经历第二次鸦片战争失败后，清廷逐渐正视洋务的必要性，在中央设立总理各国事务衙门，处理外交、海防等各种涉外事务。在总理各国事务衙门的主导下，最初设想通过“买船”的模式实现中国海防自强，但以失败告终。

**描画阿思本舰队的西方美术作品**

1862 年，总理各国事务衙门委托海关总税务司李泰国（Horatio Nelson Lay）从英国购买军舰，因为订约不严，随后局面失控，李泰国擅自编成阿思本舰队，清政府最终被迫解散舰队。

## 三、自强之道

闽浙总督左宗棠长期筹谋后，于 1866 年 6 月 25 日上奏提出学习欧洲先进技术、设厂自造轮船的方案。因计划周密、切实可行，清廷于 7 月 14 日批准方案，并评价其为“中国自强之道”。船政创建工作开始不久，左宗棠被调任陕甘总督，沈葆桢出任首任总理船政大臣，在其主持管理下，船政各项创建工作全面推进，宏图大展。

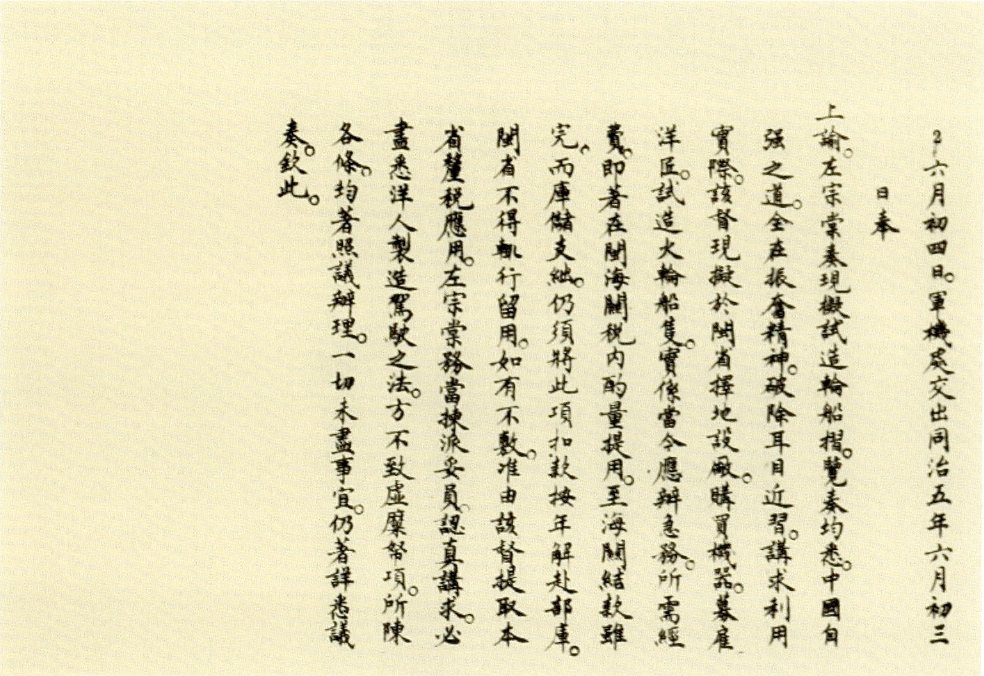
2 六月初四日。軍機處交出同治五年六月初三
日奉
上諭。左宗棠奏現擬試造輪船摺。覽奏均悉。中國自
強之道。全在振奮精神。破除耳目近習。講求利用
實際。該督現擬於閩省擇地設廠。購買機器。募雇
洋匠。試造火輪船隻。實係當今應辦急務。所需經
費。即著在閩海關稅內酌量提用。至海關結款雖
完。而庫儲支絀。仍須將此項扣款按年解赴部庫。
閩省不得輒行留用。如有不敷。准由該督提取本
省釐稅應用。左宗棠務當揀派妥員。認真講求。必
盡悉洋人製造駕駛之法。方不致虛糜帑項。所陳
各條。均著照議辦理。一切未盡事宜。仍著詳悉議
奏。欽此。

清廷上谕

左宗棠

左宗棠（1812—1885），字季高，湖南湘阴人，晚清政治家、军事家、民族英雄。早年致力于经世致用之学，深受林则徐等人思想的影响，任浙江巡抚期间萌生了自行设厂建造蒸汽动力军舰的设想，1866 年正式奏请创办船政。

左宗棠生平：

1812 年 11 月 10 日，生于湖南湘阴左家塅；

1832 年，考中湖南乡试举人，之后几年多次参加会试失利；

1850 年 1 月，应林则徐之邀与其在湘江舟中彻夜长谈，论及自强之计；

1862 年后，因军功累迁浙江巡抚、闽浙总督；

1866 年 6 月 25 日，奏请在福州马尾创设船政；

1866 年末，调任陕甘总督，离任前上奏推荐沈葆桢出任总理船政大臣；

1875 年，奉命督办新疆军务，组建西征军，于 1878 年收复新疆失地；

1881 年，调任两江总督兼南洋通商大臣；

1884 年，入值军机，旋奉命钦差督办福建军务；

1885 年 9 月 5 日，在福州皇华馆病逝，清廷追赠太傅，谥号“文襄”。

沈葆桢

沈葆桢（1820—1879），字翰宇，福建福州人，曾任江西巡抚。船政创建工作开始不久，左宗棠被调任陕甘总督，沈葆桢出任首任总理船政大臣，在其主持管理下，船政各项创建工作全面推进，宏图大展。

沈葆桢生平：

1820 年 4 月 9 日，出生于福建福州；

1847 年，考中丁未科进士，在京历任编修、监察御史等职；

1856 年，由江西九江知府改任广信知府；

1857 年，升任江西广饶九南道；

1862 年，擢升江西巡抚；

1865 年，因母亲去世，回福州原籍丁忧守制；

1866 年，经闽浙总督左宗棠上奏推荐为首任总理船政大臣；

1867 年至 1874 年，主持完成船政创建的各项工作目标；

1874 年 5 月，日本侵略台湾事件爆发，沈葆桢奉命赴台处理海防事宜；

1874 年 11 月，成功挫败日本侵占台湾的图谋，同时开启台湾近代化建设；

1875 年，升任两江总督兼南洋通商大臣，筹办南洋水师；

1879 年 12 月 18 日，在江宁（今南京）去世，谥号“文肃”。

## 艺术场景《左沈相会》

艺术场景表现的是左宗棠来到福州宫巷的沈葆桢家中，商请沈葆桢执掌船政大局的历史瞬间。1866 年左宗棠奏请设立船政获准后，接到调任陕甘总督的命令，为确保船政事业能够按照计划建设发展，左宗棠四次登门商请在福州原籍守制的原江西巡抚沈葆桢出山。沈葆桢为政清廉、勇于任事，但深知船政事业对于国家的重要，以及这项事业的巨大挑战性，担忧自己无法担负这一重任，再三婉拒。沈葆桢的父亲沈廷枫闻知此事，教诲沈葆桢："左公移督陕甘，船政之成败非其责任矣，犹谆谆若此者，为国家耳，汝何得畏难！"最终，沈葆桢毅然出任总理船政大臣。从林则徐到左宗棠，再到沈葆桢，他们心中追求民族自强的梦想，是那个时代中国人的家国情怀和担当。

位于福州三坊七巷宫巷的沈葆桢故居

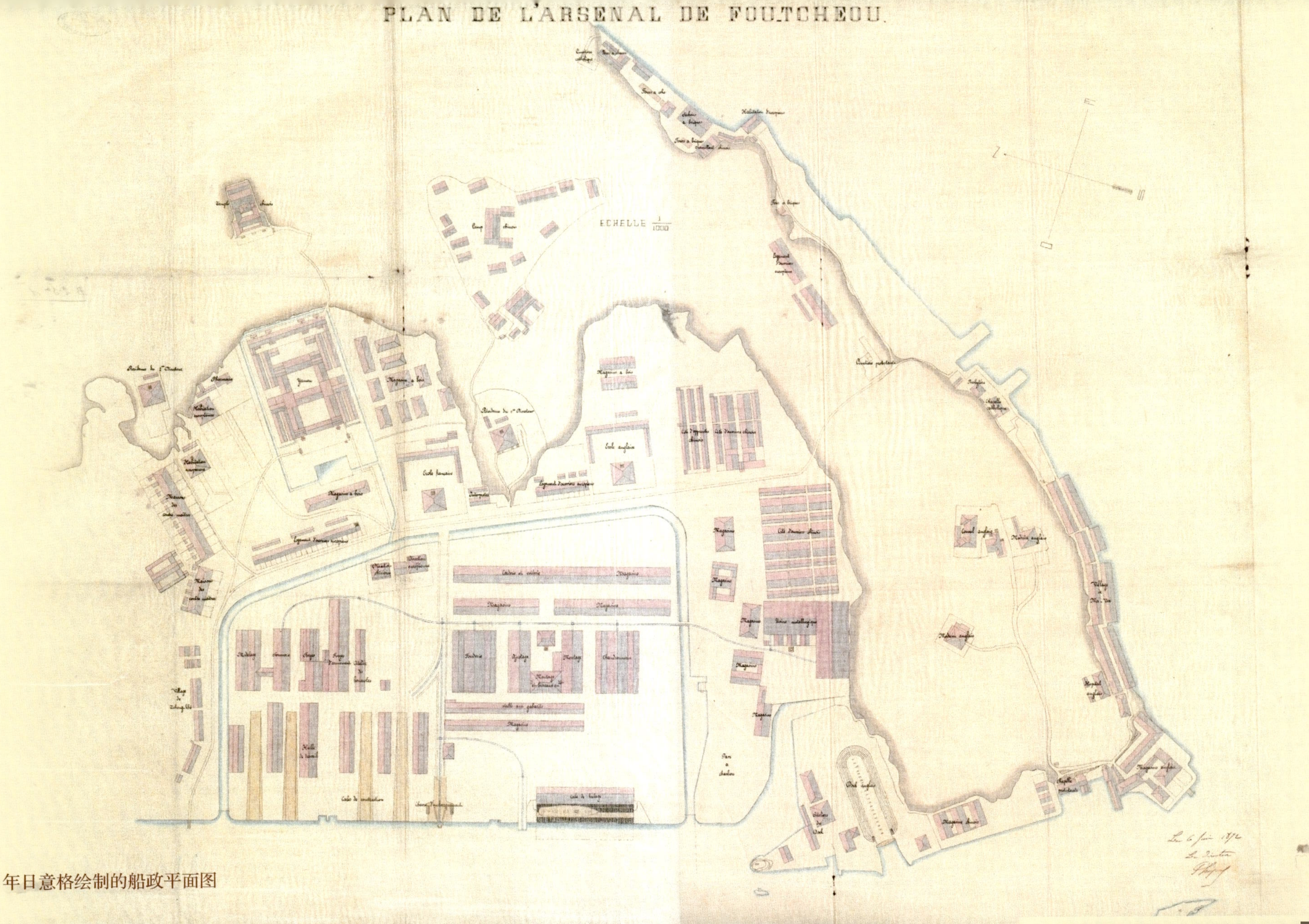


1872 年日意格绘制的船政平面图

## 船政诞生

总理船政是中国第一个专门的海防近代化国家机构，设于福州的海上门户——马尾。船政将海上自强作为目标，以“权操诸己”为原则，通过契约化形式引进西方先进技术，快速掌握了近代造船科技和海军知识，获得巨大成功，实现了中国海上力量走向近代化的时代跨越。

“自强之道——船政历史文化陈列”第二部分“船政诞生”入口

# 一、择地马尾

1866 年夏，左宗棠与洋员日意格（Prosper Marie Giquel）等经多次实地踏勘，选定在福州马尾建设船政，共收购濒江民田 346 亩（约 0.231 平方千米）有余，由中外合作制定建设规划，于当年 12 月 23 日开始各项基础建设，至 1868 年规模粗具。

油画作品《在闽江上》
年代：1996 年至 2001 年创作
尺寸：纵 270 厘米，横 600 厘米
来源：辽宁省福建商会、辽宁省闽商公益基金会和辽宁闽商投资集团捐赠

油画是澳大利亚当代画家李查·林顿（Richard Linton）创作的，表现了 19 世纪 60 年代福州马尾港口的繁盛景象：来自欧洲的飞剪式运茶船云集马尾，等待着把产自武夷山等地的中国茶和关于福州的故事运往世界各地。

总理船政衙门

1866年，清政府批准左宗棠设立的机构称为总理船政，简称“船政”，是近代中国首个国家特设的海防近代化事务机构。船政集行政、制造、教育和军事于一体，肩负着船政事务管理、舰船设计制造、人才培育、舰队编练等职能。

## 船政机构组织图

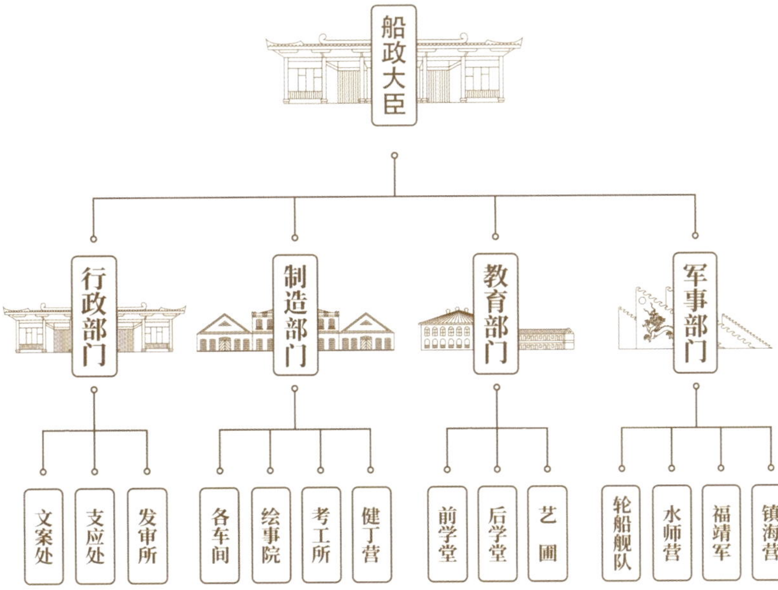

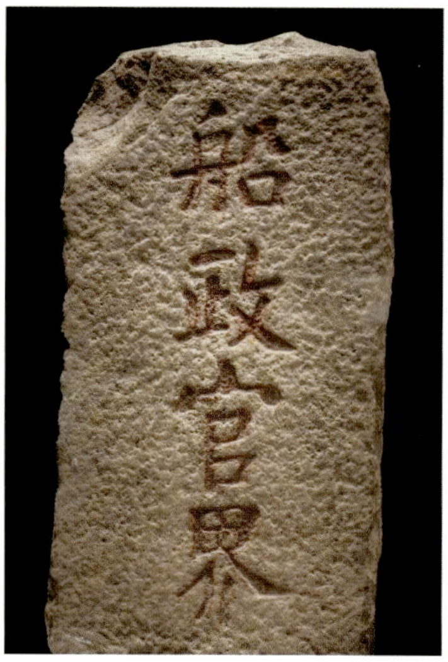


**“船政官界”碑**

年代：1867 年

尺寸：纵 75 厘米，横 33 厘米，厚 14 厘米

来源：征集

该碑为石质，属于界碑，刻有“船政官界”字样。船政创建时，沿其地块边缘每隔一定距离就竖立此种石碑，以界定范围。

**“船政大臣示”石碑**

年代：19 世纪 60 年代

尺寸：纵 133 厘米，横 36 厘米，厚 15.5 厘米

来源：征集

该碑为石质，属于告示碑，原竖立于船政天后宫附近路旁，1994 年 1 月初被发现，由马尾造船厂宣传科负责人搬运到厂中保护，后由中国船政文化博物馆征集入藏。碑文内容是传达船政大臣的告示，禁止随意砍伐山上竹木。

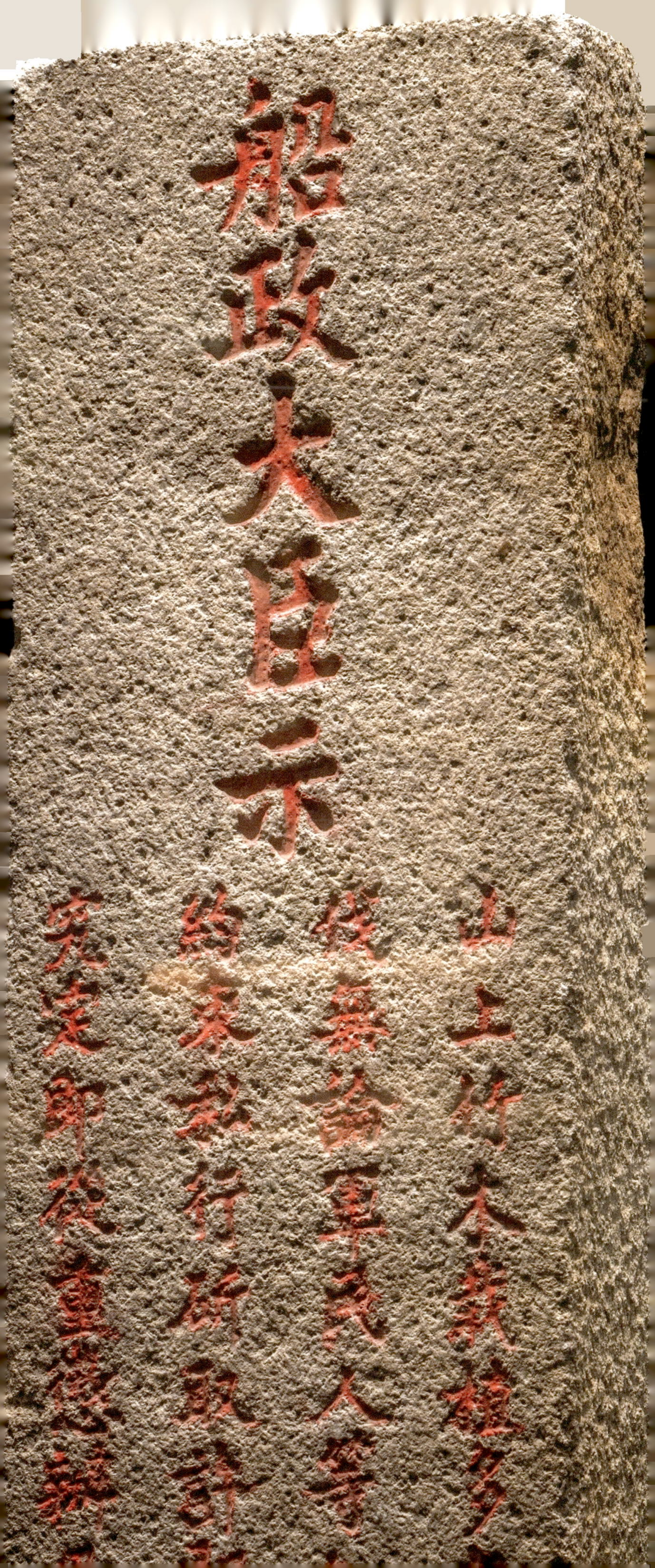
船政大臣示
山上竹木栽植多
後無論軍民人等
約束私行斫取許
究定即從重懲辦

**复建后的总理船政衙门**

总理船政衙门——船政的中枢机构，是近代中国继总理各国事务衙门后设立的第二个冠以“总理”之名的中央机构。

**总理船政衙门石狮**

年代：1866 年

尺寸：长 120 厘米，宽 75 厘米，高 216 厘米（狮高 136 厘米，座高 80 厘米）

来源：征集

石狮由惠安青石打制，福州南后街蒋源成石铺造，原安设于总理船政衙门前，后佚失，1986 年被重新发现，经挖掘出土，曾安放于马尾造船厂东门、轮机车间门外等处，现恢复陈列至总理船政衙门外。

**船政驻省文案沈觳清手书《船工纪事》**

年代：19 世纪末至 20 世纪初

尺寸：纵 18 厘米，横 14.2 厘米

来源：沈骏捐赠

《船工纪事》记载了船政内设的各机构、职位及相应职责等重要信息，是反映清代船政机构和岗位设置情况的珍贵原始史料。

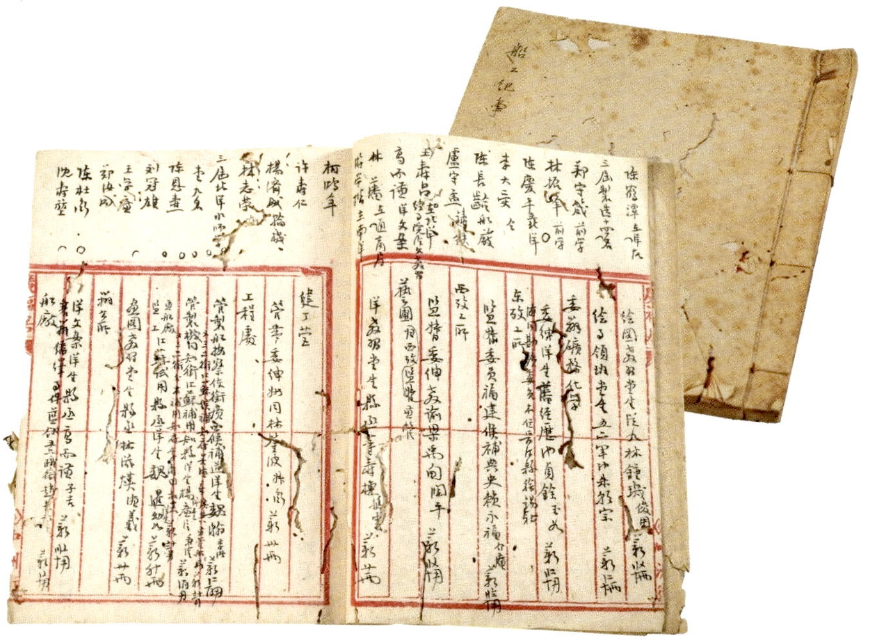

**沈觳清与家人合影**

沈觳清（1863—1938），字纪男，福建福州人，沈葆桢之孙，曾任船政驻省文案、闽浙督署文案、闽海关铜币局总文案、船政艺圃监督、闽海关福州海口军舰稽查等职（图中第二排右一为沈觳清）。

王壽昌 留北洋 總司院文案習

高而謙 洋文案

林藩 主通商局

陳學楷 主南洋

監督委作奏請等第合 一 薪卅

藝圃 旧西攷監督查館

洋務留學生擬派 年壽樞 薪廿兩

柯鴻年

許壽仁

楊濟成 鎔機、

林志棠

三屆北洋水師學生

曹九

陳恩壽

劉冠雄

王學廉

鄭汝成

陳杜衡

沈壽堃

健丁營

管帶委紳擬同林履度 薪卅兩

工程處

管製船按察使銜候選候補道洋生魏瀚 李 薪仁兩

又三品銜江蘇候補知府 薪

管製機同知銜江蘇補用知縣洋生楊廉臣 薪佰兩

又三品銜 補用知府李壽田 薪

監工 造船廠 江蘇試用縣丞洋生魏暹 薪廿兩

畫圖藝習學生擬派林蔭模 薪卅兩

翻譯所

洋文案洋生擬派高而謙 子去 薪卌兩

書辦

船廠

## 二、借才异域

船政衙门秉持主权在我的原则，委托日意格、德克碑( Paul-Alexandre Neveue d'Aiguebelle ) 帮助雇用和领导外国技术团队，协助中方建设船政并传授相关技术。合作以合同为规范，明确责权，成为近代中外平等合作的成功典范。

日意格

日意格（1835—1886），出生于法国洛里昂。为人谦恭，办事认真，通晓中文，受到左宗棠信任，与德克碑一起受雇为船政洋员监督，成功完成协助中国创建船政的工作。1886年2月19日，日意格在法国戛纳与世长辞。清廷顾念他的贡献，为表怀念，为其精心铸造了一尊半身铜塑像，送给日意格的家人。2014年中法建交50周年时，为了纪念这位中法友谊的先驱人物，法国外交部向福州市政府赠送这尊塑像的复制件，后转至中国船政文化博物馆收藏。塑像表现的是日意格晚年时的面容，塑像的基座上刻画着顶戴花翎、双龙宝星等图案，示意日意格所受的清政府嘉奖赏赐。

日意格塑像
年代：2014 年
尺寸：长 62.5 厘米，
　　宽 39 厘米，
　　高 96 厘米
来源：法国外交部捐赠

## 日意格编著的《汉法语汇便览》词典（*DICTIONNAIRE DE POCHE FRANCAIS-CHINOIS*）

年代：1874 年

尺寸：纵 13.8 厘米，横 10 厘米，厚 2 厘米

来源：征集

日意格在 19 世纪 50 年代来华，学会了中文，成为他与中国官员沟通的重要优势。为了方便中法人员沟通，日意格在船政工作期间编写法汉工具书《福州船政学堂常用技术词典》，后改编为《汉法语汇便览》词典。

日意格组建的船政外国技术团队以法国人为主，另包括部分英国人和沙俄人，总计 45 人，在 1867 年至 1868 年分批到达马尾。这些外国人担任工程师、技术骨干、教师等职务，领取高薪，同时肩负重任，在 5 年时间里完成“包教包会”等目标，协助中国迈入舰船工业和海军近代化的门槛。

船政洋员、洋匠合影

船政洋员、洋匠赠送给日意格的礼品照片

## 船政创建时期的经费投入与成果
## （1866 年 12 月—1874 年 2 月）

**经费投入**

- 闽海关四成洋税拨款 40 万两银
- 闽海关六成洋税拨款 470 万两银
- 福建税厘局拨款 69 万两银

总计：579 万两银

**成果**

| | | |
|---|---|---|
| 实现近代舰船科技的系统引进 | 建成、自营规模东亚第一的造船机构 | 中国人掌握了近代工业生产组织和管理的方法 |
| 中国人掌握了蒸汽动力舰船的设计建造技术 | 中国人掌握了蒸汽动力舰船配套设备的设计制造技术 | 形成了 3 000 余人规模的产业工人队伍 |
| 建成 15 艘蒸汽动力军舰 | 建成中国第一所海军军官学校 | 建成中国第一所工程技术学校 |
| 建成中国第一所职业技术学校 | 培养出中国第一代近代海军军官和工程师 | 组建中国第一支近代海军舰队 |

清廷为船政洋员、洋匠颁发的银牌

年代：清

尺寸：直径 8.5 厘米

来源：征集

正面为“大清御赐银牌”字样，背面为“福州船政成功”字样。1874年，船政与外国技术团队的五年合同期满。外国技术团队如期完成五年计划约定的设厂、造船、培养人才等工作任务，并表现出色。经沈葆桢上奏获准，按职务、贡献的大小，授予洋员、洋匠不同等级的官衔、军功，颁发给他们宝星勋章、功牌奖章等，“船政成功”银牌就是其中一种。“船政成功”银牌是对为船政发展作出杰出贡献的洋员、洋匠的嘉奖，体现出清政府对船政及其杰出人才的重视与肯定，也是近代中国探索工业自强的重要佐证。

船政学堂教室场景再现

# 船政教育

船政创建时即高度重视教育，专门设立新式教育机构，开展工程技术和海军军官教育，开中国新式职业教育先河。船政教育以培植爱国精神为基础，以追求科学、服务国家为目标，培育出的新式人才不仅解决了涉海事业的急需，还成为中国社会近代化的星星火种。

“自强之道——船政历史文化陈列”第三部分“船政教育”入口

## 一、新式教育

船政突破中国传统科举制度，创新地引入近代教育制度。1866 年开办求是堂艺局，“挑选本地资性聪颖、粗通文义子弟入局肄习。”1867 年求是堂艺局迁至马尾，更名为船政学堂，采用西法教学。船政学堂包括培养工程师的前学堂及其附设的中国最早的工程制图教育机构绘事院，以及培养海军军官的后学堂。1868 年船政开设艺圃，是中国第一所职业技术学校。1874 年，中国第一条自营电报线——福州至船政电报线架设完成。为了培养电报人才，船政后来又在福州南台岛开设了中国首个电报学堂——福州电报学堂。

清代的福州城

船政开创之初设立的求是堂艺局曾在白塔寺一带设立教学点。

## 求是堂艺局章程

（一）各子弟到局学习后，每逢端午、中秋，给假三日。度岁时，于封印日回家，开印日到局。凡遇外国礼拜日，亦不给假。每日晨起，夜眠，听教习洋员训课，不准在外嬉游，致荒学业。不准侮慢教师，欺凌同学。

（二）各子弟到局后，饭食及患病医药之费，均由局中给发。患病较重者，监督验其病果沉重，送回本家调理。病痊后，即行销假。

（三）各子弟饭食既由艺局供给，仍每名月给银四两，俾赡其家，以昭体恤。

（四）开艺局之日起，每三个月考试一次，由教习洋员分别等第：其学有进境，考列一等者，赏洋银十元；二等者，无赏无罚；三等者，记惰一次。两次连考三等者，戒责。三次连考三等者，斥出。其三次连考一等者，于照章奖赏外，另赏衣料，以示鼓舞。

（五）子弟入局肄习，总以五年为限。于入局时取具其父兄及本人甘结，限内不得告请长假，不得改习别业，以取专精。

（六）艺局内宜拣派明干正绅常川住局，稽察师徒勤惰，亦便剿学艺事，以扩见闻。其委绅等，应由总理船政大臣遴选给委。

（七）各子弟学成后，准以水师员弁擢用。惟学习监工、船主等事，非资性颖敏之人不能。其有由文职、文生入局者，亦未便概保武职，应准照军功人员例议奖。

（八）各子弟之学成监造者，学成船主者，即令作监工，作船主。每月薪水，照外国监工、船主辛工银数发给。仍特加优擢，以奖异能。

前学堂学生合影

后学堂学生合影

福州电报学堂

艺圃

## 前学堂制造专业课程设置

| | |
|---|---|
| 外文 | 法文（教材均用法文原版），兼习英文 |
| 专业基础课 | 算术、几何、三角、微积分、物理等 |
| 专业课 | 蒸汽机的制造与操作、舰体制造 |
| 教学方法 | 课堂上学习专业基础课，实践中讲授专业课；除中文外，其他课程用法文讲授 |

## 后学堂驾驶专业课程设置

| | |
|---|---|
| 外文 | 英文（教材均用英文原版） |
| 专业基础课 | 算术、几何、代数等 |
| 专业课 | 航海天文学、航海理论、气象学、地理等 |
| 教学方法 | 五年堂课，两年舰课；舰课包括驾驶与演炮，以及航海实习；除中文外，其他课程用英文讲授 |

## 后学堂管轮专业课程设置

| | |
|---|---|
| 外文 | 英文（教材均用英文原版） |
| 专业基础课 | 算术、几何、代数、三角、物理等 |
| 专业课 | 发动机绘制、蒸汽机结构与安装调试、各种仪表的功能与使用、海上操纵轮机规则等 |
| 教学方法 | 堂课、厂课、舰课“三结合”，理论紧密联系实际 |

船政后学堂奠基石

年代：1868 年

尺寸：长 36 厘米，宽 36 厘米，高 17.5 厘米

来源：船政后学堂旧址出土

船政学堂教室场景再现

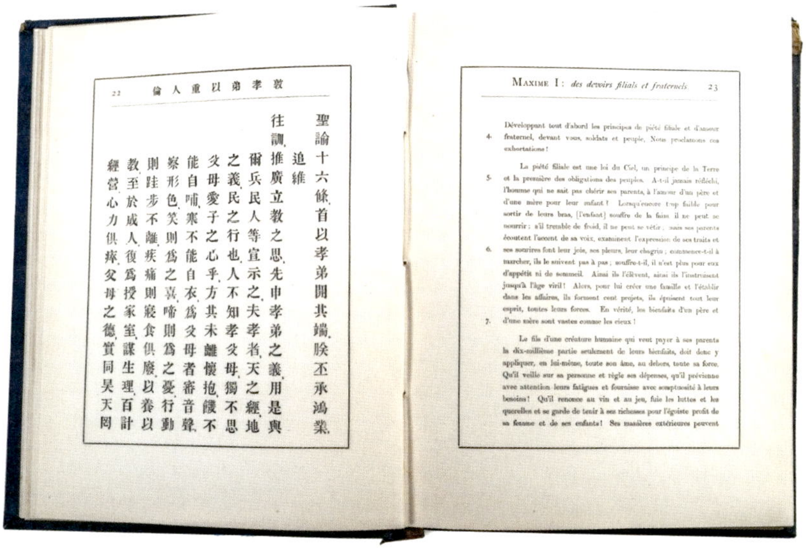


船政教习帛黎（A. Théophile Piry）编译的《圣谕广训》中法文对照本

年代：1879 年

尺寸：纵 28.3 厘米，横 23 厘米，厚 3.3 厘米

来源：征集

清代《圣谕广训》是钦定的官员和百姓的道德和行为规范，是船政学堂的必修教材之一。帛黎 1869 年来到船政任教习，1874 年 4 月进入海关工作。1879 年帛黎编译《圣谕广训》，成为当时海关洋员学习汉语的教材之一。

船政教习邓罗（C. H. Brewitt-Taylor）编著的后学堂教科书《华英译本》

年代：1886 年

尺寸：纵 20 厘米，横 14 厘米，厚 0.6 厘米

来源：陈悦捐赠

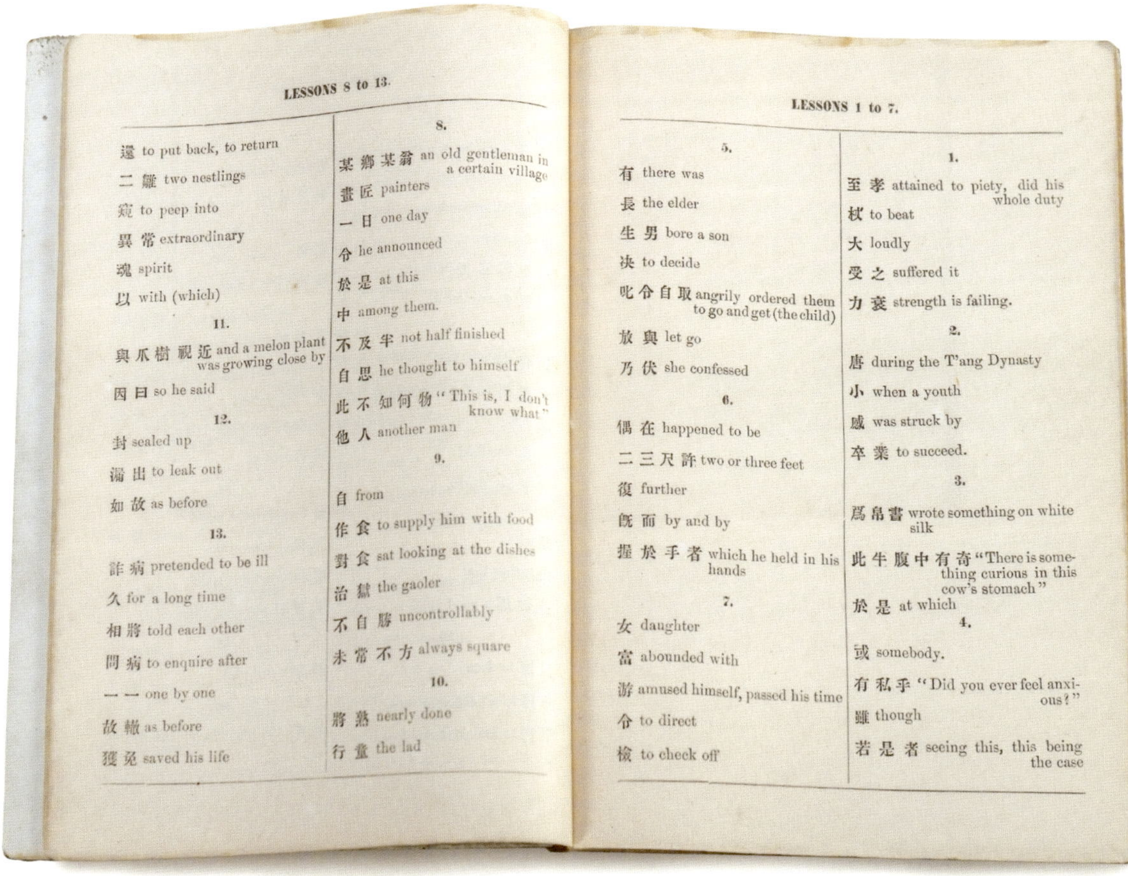

船政学堂学员考试制度

| 考试时间 | 奖励 | 惩罚 |
| --- | --- | --- |
| 入学三个月后甄别考试 | 通过者允许留堂继续学习；根据成绩高低分作若干班级，允许发给每月 4 两赡家银 | 不通过者革退 |
| 每季测试一次 | 一等，奖励洋银 10 元；二等，无赏无罚；连续三次一等，另奖衣料 | 三等，记惰一次；连续两次三等，戒责；连续三次三等，开除 |
| 年节甄别考试 | 学过一层，每月加给 1 两赡家银 | 不通过者罚责、降班 |

船政艺圃学员考试制度

| 考试时间 | 奖励 | 惩罚 |
| --- | --- | --- |
| 入学三个月后甄别考试 | 通过者允许留厂做工学习，给予每天 200 文薪水 | 不通过者斥退 |
| 车间日常随机考试 | 优秀者奖励、加薪；转正为匠；提拔为匠首 | 劣者罚责、降薪或革退 |
| 理论夏考 | 优秀者奖励 | 劣者罚责或革退 |
| 理论冬考 | 优秀者加薪 | 劣者降薪或革退 |

船政驾驶学堂腰牌

年代：19世纪末

尺寸：长9.3厘米，上宽2.7厘米，下宽3.6厘米，厚0.3厘米

来源：征集

船政绘事院腰牌

年代：19 世纪末

尺寸：长 9 厘米，上宽 2.7 厘米，下宽 3.6 厘米，厚 0.3 厘米

来源：征集

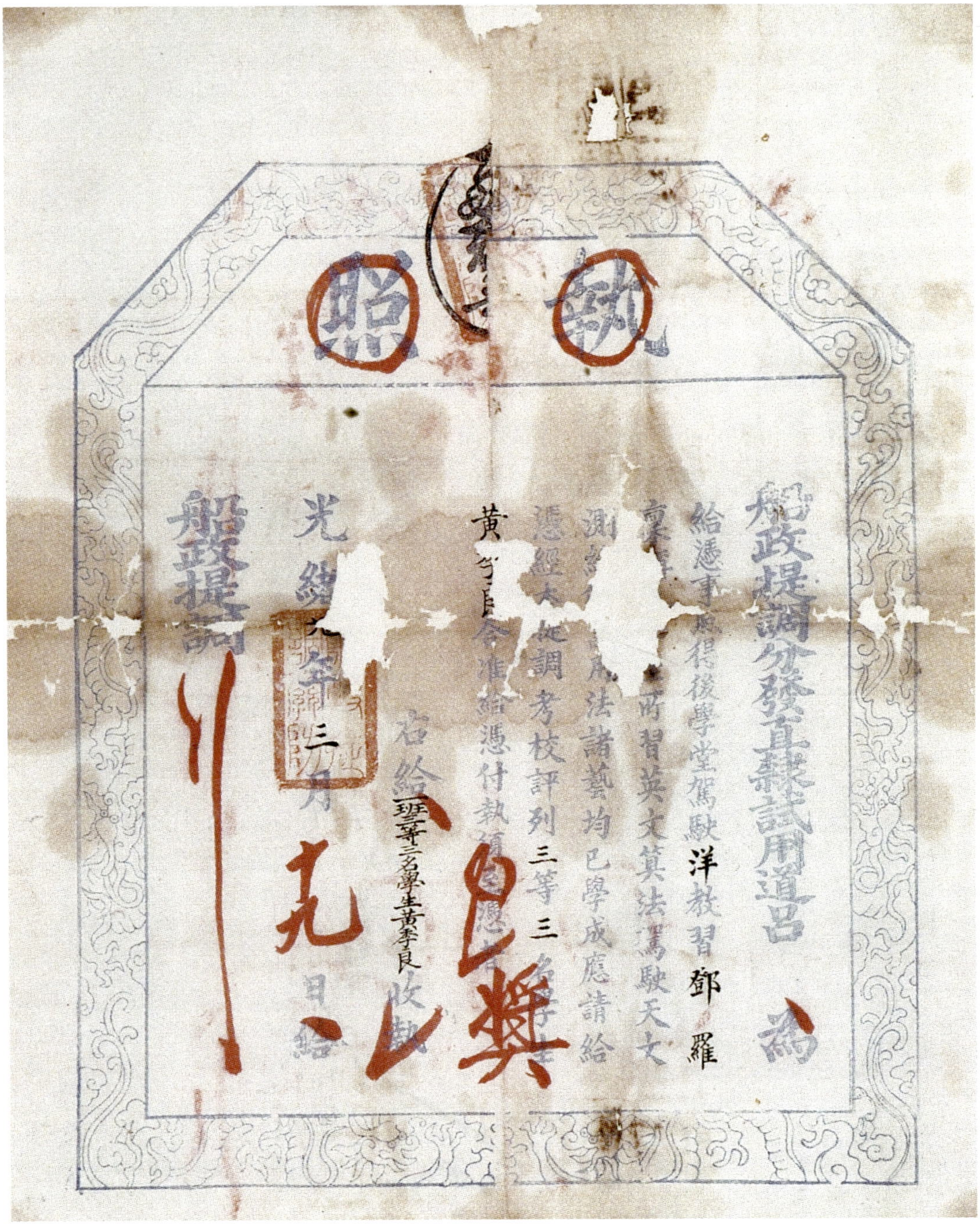

執照

船政提調分發直隸試用道呂 為

給憑事照得後學堂駕駛洋教習鄧 羅

稟[illegible]所習英文算法駕駛天文

測[illegible]法諸藝均已學成應請給

憑經本提調考校評列三等三名學生

黃季良合准給憑付執須至憑者

右給 駕駛班三等三名學生黃季良 收執

光緒九年三月 日給

船政提調

船政后学堂驾驶班黄季良毕业证书

年代：1883 年

尺寸：纵 67.5 厘米，横 55 厘米

来源：黄丽娴捐赠

黄季良（1861—1884），广东广州人，第三批留美幼童，船政后学堂驾驶班第八届毕业生。毕业后被分配到“扬武”号当见习军官。1884 年 8 月 23 日，中法马江海战爆发，船政轮船舰队的旗舰“扬武”号被击中右舷尾沉没，黄季良阵亡。

## 二、首创赴欧留学

1873 年，船政大臣沈葆桢上奏《船工将竣谨筹善后事宜折》，提出要想全面掌握西方先进科学技术，必须把学生直接派到西方国家留学深造，“将窥其精微之奥，宜置之庄岳之间”。1877 年，船政成功派出第一批赴欧留学生，开创了中国人赴欧留学的历史。

该生徒等，深知自强之计，舍此无可他求，各怀奋发有为，期于穷求洋人秘奥，冀备国家将来驱策，虽七万里长途，均皆踊跃就道，他日或能蔚成大器，共济时艰。

——吴赞诚

船政大臣吴赞诚上奏《学生出洋起程日期折》节选

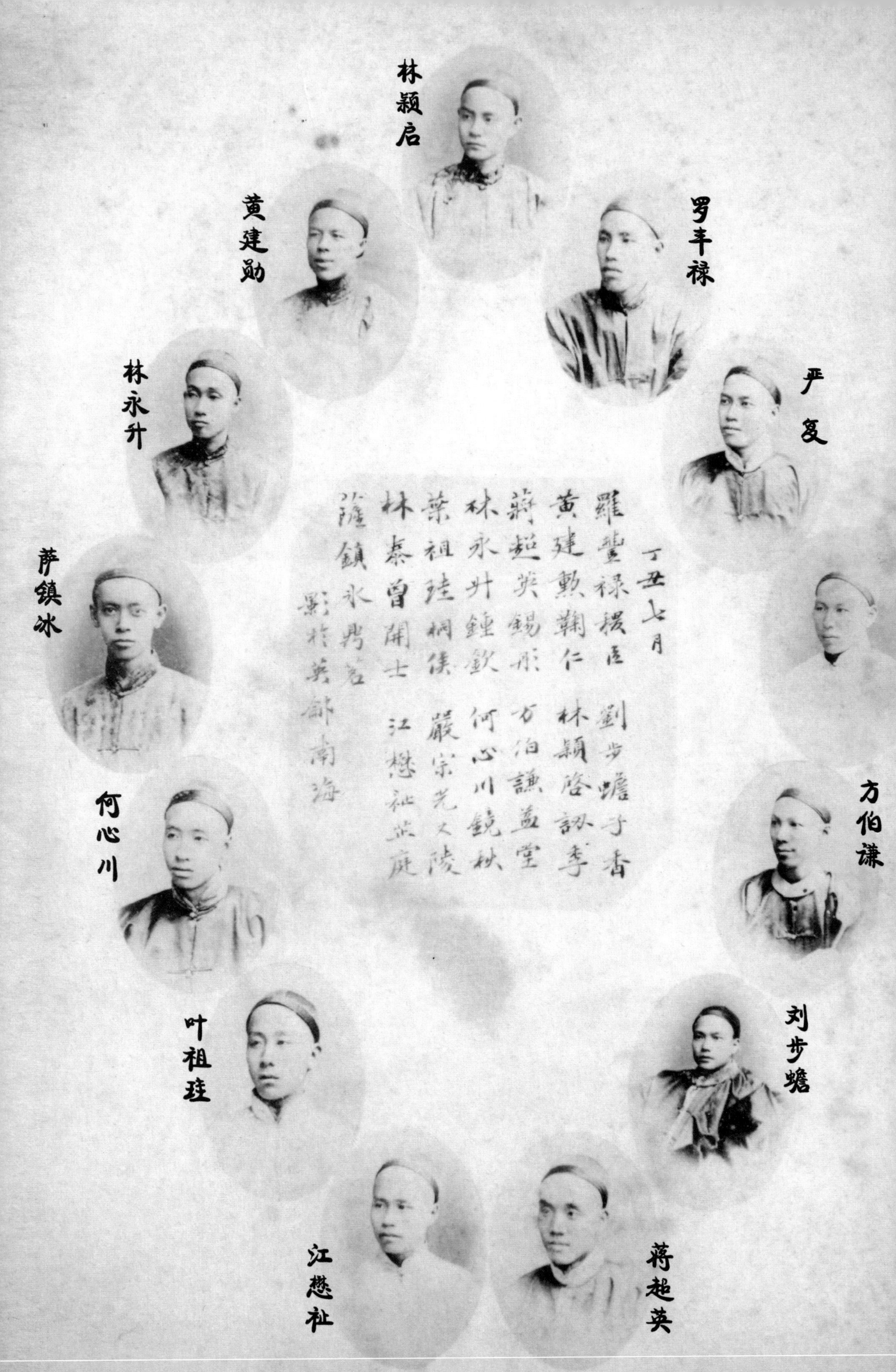
林颖启
黄建勋
罗丰禄
林永升
严复
萨镇冰
方伯谦
何心川
刘步蟾
叶祖珪
江懋祉
蒋超英
丁丑七月
羅豐祿稷臣 劉步蟾子香
黃建勳鞠仁 林穎啓訒季
蔣超英錫彤 方伯謙益堂
林永升鍾欽 何心川鏡秋
葉祖珪桐侯 嚴宗光又陵
林泰曾開士 江懋祉嵐庭
薩鎮冰鼎銘
影於英都南海

## 船政首届赴英留学生

林颖启（1852—1914）
字讱季，福建福州人，船政后学堂驾驶班第二届毕业生，北洋水师“威远”舰舰长，1912年任福建海关监督。

罗丰禄（1850—1903）
字稷臣，福建福州人，船政后学堂驾驶班第一届毕业生，清末外交家，任驻英、意、比三国钦差大臣。

严复（1854—1921）
字又陵，福建福州人，船政后学堂驾驶班第一届毕业生，中国近代启蒙思想家、教育家和翻译家，中西汇通的思想先驱。

林泰曾(1851—1894)
字开士，福建福州人，船政后学堂驾驶班第一届毕业生，北洋水师左翼总兵兼“镇远”舰管带。

方伯谦（1854—1894）
字益堂，福建福州人，船政后学堂驾驶班第一届毕业生，北洋水师“济远”舰管带。

刘步蟾(1852—1895)
字子香，福建福州人，船政后学堂驾驶班第一届毕业生，北洋水师右翼总兵兼“定远”舰管带。

蒋超英（1852—1912）
字锡彤，福建福州人，船政后学堂驾驶班第一届毕业生，南洋水师“澄庆”舰管带，1905年任江南水师学堂总办兼监督。

江懋祉（1856—1892）
字芷庭，福建福州人，船政后学堂驾驶班第二届毕业生，船政轮船舰队“建胜”炮艇管驾，1882年任船政学堂教习。

叶祖珪（1852—1905）
字桐侯，福建福州人，船政后学堂驾驶班第一届毕业生，北洋水师中军右营副将兼“靖远”舰舰长，1904年起总理南北洋海军。

何心川（1853—1926）
字镜秋，福建福州人，船政后学堂驾驶班第一届毕业生，南洋水师“镜清”舰舰长，1914年任“肇和”巡洋舰总教官。

萨镇冰（1859—1952）
字鼎茗，福建福州人，船政后学堂驾驶班第二届毕业生，北洋水师“威远”“康济”舰舰长，民国时期海军总长。

林永升（1853—1894）
字钟钦，福建福州人，船政后学堂驾驶班第一届毕业生，北洋水师左翼左营副将兼“经远”舰舰长。

黄建勋（1852—1894）
字鞠仁，福建福州人，船政后学堂驾驶班第一届毕业生，北洋水师左翼右营参将兼“超勇”舰舰长。

**陈季同**

陈季同（1852—1907），字敬如，福建福州人，船政前学堂制造班第一届毕业生，船政第一批赴法留学生（兼文案），清末著名外交官、翻译家。将《聊斋志异》等中国文学著作译成法文，在法国刊行，被誉为“中国近代中学西传的第一人”。

J'ai lu, je ne sais plus ou, que le nommé *On*, — *On* est un être indéfini qui existe partout et dont il est permis de médire à volonté, — demanda à Victor Hugo, si « c'était bien difficile de faire des vers ». C'est une question si naturelle ! Le poète répondit avec sa bonhomie ordinaire, que « c'était très facile ou impossible ».

Comme je ne suis pas poète, si ce n'est en chinois, je suis bien obligé d'admettre l'opinion de celui qui fût le plus grand des poètes modernes de l'Occident. J'avoue même modestement que je suis de son avis.

Par une singulière coïncidence, on m'a demandé comment j'étais devenu parisien, et si « c'était bien difficile de le devenir ». Parisien ! Un titre qui n'a de rapport qu'avec l'esprit, assurément ; car je ne suis pas « né natif » de Paris, étant de Foutchéou, ma patrie ! Cependant cette question fort imprévue m'a été adressée et m'a donné à réfléchir. J'ai médité le « to be or not to be »....

Comme le titre de « parisien » est en somme une de ces rares faveurs qui ne s'achètent pas, et que c'est un droit de noblesse ou de bourgeoisie de l'esprit, il peut appartenir à tout homme de la race, sans que cet homme ait à rougir de son clocher ou de sa pagode. Je veux bien être « parisien » et je le suis, puisque les journaux l'ont proclamé ; mais c'est à une condition ; c'est que le « être parisien » soit très facile ou impossible.

Il semblerait dès lors qu'il soit presque décourageant d'expliquer comment on devient parisien, puisque c'est si facile. Si l'on naît parisien, même en Chine, même ailleurs, même à Paris, et que, sans plus de peine qu'il en coûte d'être venu au monde, on possède réunis en soi toutes les qualités et tous les défauts qui constituent le naturel parisien, il est inutile de développer le sujet, informez-vous auprès de la bonne aimable fée qui dispense les privilèges ; celle-là seule pourra vous répondre.

Le parisianisme est un parfum, un arôme, un bouquet. On le sent, on le goûte, on le respire ; mais on ne l'invente pas, on ne le crée pas. Ce n'est pas un article, quoiqu'il existe dans l'article de Paris, un de ses favoris. C'est — je ne sais pas quoi vraiment — mais c'est quelque chose qui saute aux yeux lorsque l'esprit a ces yeux là. Vous savez lesquels ou vous ne le savez pas ; ce qui est très excusable, puisqu'il y a le commun des mortels, immensément répandu, toujours commun et jamais mortel, sorte de phénix qui renaît de ses cendres pour la seule ambition de revivre, ce qui n'est pas une ambition suffisante pour le parisien.

Le parisien a une autre passion bien plus sublime et bien plus immortelle : il lui faut le « *nec mergitur* » qui est sa formule la plus expressive et la plus profonde ; il flotte et il n'est pas submergé ; c'est le comble de l'art parisien et c'est ma devise aussi !

Vous devenez parisien sans le savoir, parce que vous l'étiez. C'est la dignité cardinalice de l'esprit « in petto ». Vous recevez un beau jour un avis très mystérieux pour affaire qui vous concerne et vous découvrez sans surprise qu'il vous est échu un héritage superbe, des titres d'une noblesse authentique. Parisien ! C'était cependant vrai, et vous ne vous en doutiez pas.

Etre parisien n'est pas seulement faire de l'esprit, c'est en avoir sans en faire. Le mérite n'est pas ordinaire. C'est surtout en avoir avec bonheur, c'est-à-dire à propos ; c'est ne pas l'épargner pour ses amis : car être ami jusqu'à l'esprit, c'est du parisianisme et du meilleur. Tous les Parisiens sont frères. Si j'étais empereur, je voudrais créer une académie dont ne pourraient faire partie que des parisiens. On y verrait tous les humains épris de parisianisme, sans distinction de nations ni de races : la confraternité de l'esprit pour tout bagage, et pas de discours « qu'académique on nomme ». Ne serait-ce pas un beau projet ?

Le parisien est un délicat qui trouve ce qu'il cherche. C'est un mineur heureux qui, d'un coup de plume, met à jour des filons inexplorés que d'autres — les autres — n'auraient jamais découverts à coups de pioche. Une simple caresse de la plume et voilà la mine à ciel ouvert, avec ses gisements précieux et ses veines métalliques brillantes. La dynamite eût été moins efficace.

Le parisien est un réaliste, après le rêve entrevu ; il aime le mirage, si le mirage annonce l'oasis espéré. La vision ne l'enchante pas toute seule ; il lui manque toujours l'original. Pygmalion a eu le pouvoir d'animer le marbre sculpté par son rêve. Qu'importe que Galatée n'ait pas compris sa passion et lui ait été infidèle ? C'était un parisien et elle... peut-être une parisienne ! Je n'ose l'affirmer pourtant, puisqu'elle n'était pas fille d'Eve.

Le parisien est un sage qui fait des folies ; un raisonnable qui peut commettre toutes les fautes qu'il avoue — pas les autres.

Il est imparfait et s'en vante, ayant éprouvé qu'il n'y a que les imparfaits de parfaits et les faibles de forts. Les oppositions et les contrastes le ravissent : c'est sa fantaisie et son droit.

Les Danaïdes ont abandonné leur service autour du fameux tonneau depuis que les contes charmants de la mythologie ont été assimilés aux fausses nouvelles. Les Parisiens les ont galamment remplacées. Ils jettent dans cet abîme sans fond tous les trésors de leur âme, de leur cœur et de leur esprit — mais le tonneau est toujours vide. Ils espèrent cependant le combler un jour. O sainte folie ! C'est du parisianisme, le plus élevé, le plus humain qui soit au monde. Partout il y a de ces êtres qui tentent l'impossible, le seul but vraiment logique à atteindre. La foule a beau leur crier casse-cou ; ils n'écoutent rien. Ils ne répondent qu'à un seul appel ; celui qu'ils entendent en eux-mêmes, où vibrent tous les échos de la nature humaine inspirée par une puissance créatrice. Cela est parisien !

Paris a donné son nom à cette exquise propriété qui est devenue le symbole de l'esprit. Comme on a dit Athénien, on dit Parisien. Ni Sparte, ni Rome n'eurent le même privilège. La raison n'est pas facile à découvrir. Pourquoi le Château-Laffitte et le Chambertin sont-ils si délicieux ? Pourquoi le thé du Fo-Kien est-il meilleur que celui du Yun-Nam ?

La nature a ses caprices et ses préférences ; le soleil et la brise ont pour certaines expositions des tendresses de lion. Gloire aux privilégiés ! Ce sont des heureux, sans brevet d'invention.

Un parisien qui n'était pas de Paris, car il était allemand de naissance, a dit qu'à Paris on pouvait se passer de bonheur. Voilà une vraie pensée toute embaumée de parisine ; je la dédie à tous les esprits libres qui rêvent aux frontières sans limites et aux civilisations délicates. Se passer de bonheur ! N'est-ce pas la plus charmante manière d'être heureux ? Et c'est à Paris que cette recette fleurit ! N'avais-je pas raison de prétendre que c'est un clos privilégié ?

Comment on peut devenir parisien — dans le cas où c'est impossible — vous semblera maintenant très clair, car vous sentez quelles sont les hauteurs de vues de ce libéral esprit. Appliquez, *quand même*, à la direction de vos pensées, le principe de l'aérostation ; jetez du lest, déplacez autant de volumes d'air que vous pourrez, et montez, montez toujours. Alors Paris s'idéalise et devient le Tout-Paris. Tous les bruits de la terre se transforment en une harmonie légère et fraîche qu'on pourrait définir la langue des esprits. Elargissez donc les espaces ; il ne reste dansle souvenir délivré enfin de l'obsession des foules fâcheuses que des ondes, semblables à des vagues imperceptibles qui jettent le duvet de leur neigeuse écume sur le rivage tendre et fin de nos sensations... Rien de heurté, rien de brusque : la paix et une gaîté qui s'épanche, dans le sentiment réfléchi de l'existence de soi et de l'immortalité de la pensée. Jetez du lest ! Et Paris deviendra le Tout-Paris « selected », cette Cosmopolis ciselée comme un portail gothique, et dont font partie tous les peuples de l'univers. « Mon pays, c'est l'Intelligence ! » a dit un grand poète oublié.

Donc tout homme qui veut devenir Parisien, qu'il se fasse naturaliser citoyen de ce grand pays « l'Intelligence », et il existe, ce pays.

Tcheng Ki tong

GÉNÉRAL TCHENG-KI-TONG.
*Dessins de* FÉLIX RÉGAMEY.

船政前学堂毕业生陈季同撰写的法语文章 Comment on Devient Parisien(《如何成为巴黎人》)

年代：清末

尺寸：纵 48 厘米，横 36.5 厘米

来源：征集

首批赴法国留学的部分学生合影

左起分别为张金生、林庆升、林日章、池贞铨、罗臻禄。

法国海军造船工程学应用学校留学生合影

第二排左一陈林璋、左三魏瀚、左五郑清濂，第三排右一陈兆翱，均为船政第一批留欧学生。

## 方伯谦

方伯谦（1854—1894），字益堂，福建福州人，船政后学堂驾驶班第一届毕业生，船政第一批赴英留学生。学成归国任船政后学堂教习，1881 年调入北洋水师，历任“镇西”“镇北”“威远”“济远”等舰舰长。曾参加中日甲午战争。

**船政后学堂驾驶班毕业生方伯谦所用怀表**

年代：清末

尺寸：直径 3.5 厘米

来源：方镛捐赠

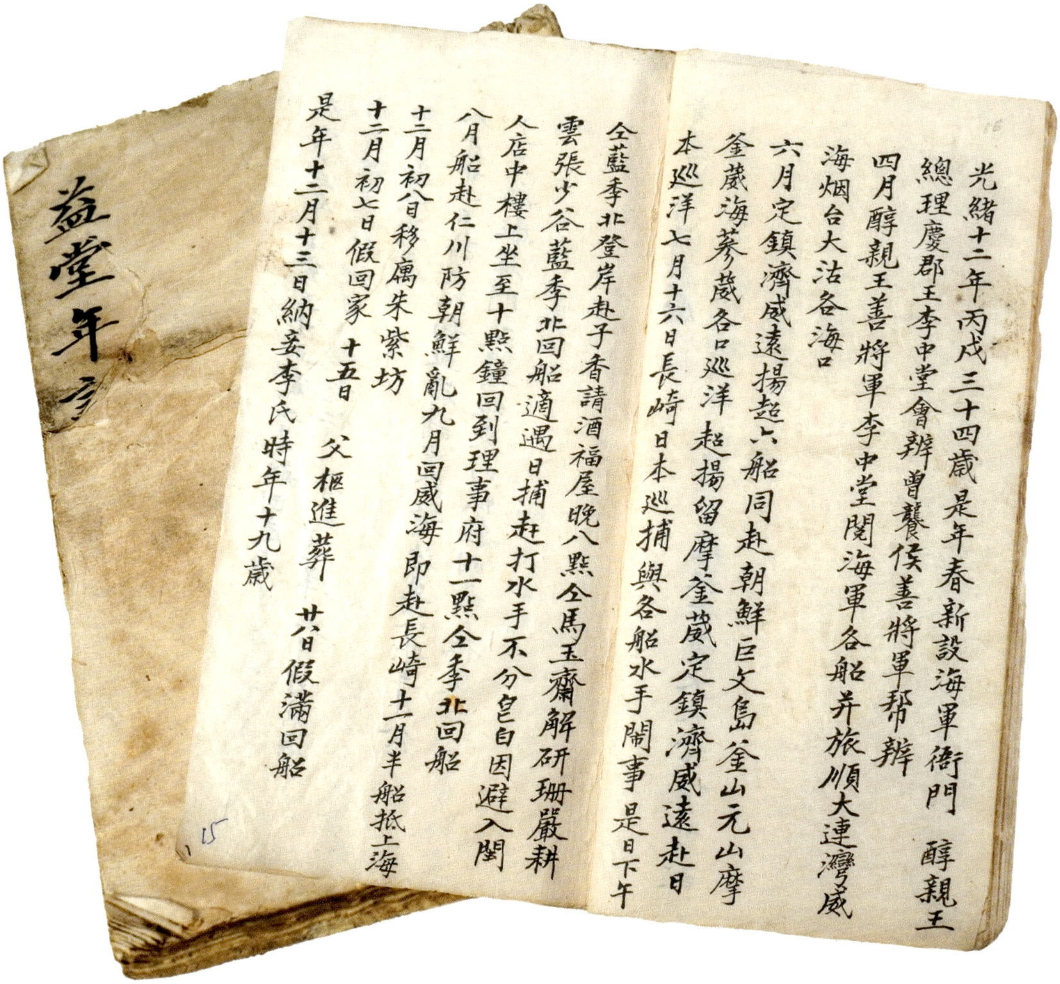


**方伯谦手书《益堂年谱》**

年代：清末

尺寸：纵 25.5 厘米，横 13.5 厘米，厚 0.8 厘米

来源：方镛捐赠

光緒十二年丙戌三十四歲是年春新設海軍衙門　醇親王
總理慶郡王李中堂會辦曾襲侯善將軍帮辦
四月醇親王善將軍李中堂閱海軍各船并旅順大連灣威
海烟台大沽各海口
六月定鎮濟威遠揚超六船同赴朝鮮巨文島釜山元山摩
釜崴海蔘崴各口巡洋超揚留摩釜崴定鎮濟威遠赴日
本巡洋七月十六日長崎日本巡捕與各船水手閙事是日下午
仝藍季北登岸赴子香請酒福屋晚八點仝馬玉齋解研珊嚴耕
雲張少谷藍季北回船適遇日捕赶打水手不分皂白因避入閩
人店中樓上坐至十點鐘回到理事府十一點仝季北回船

方伯谦所用文件盒
年代：清末
尺寸：长 39 厘米，宽 23 厘米，高 12 厘米
来源：方镛捐赠

方伯谦所用笔架
年代：清末
尺寸：长 10 厘米，宽 3.8 厘米，高 6 厘米
来源：方镛捐赠

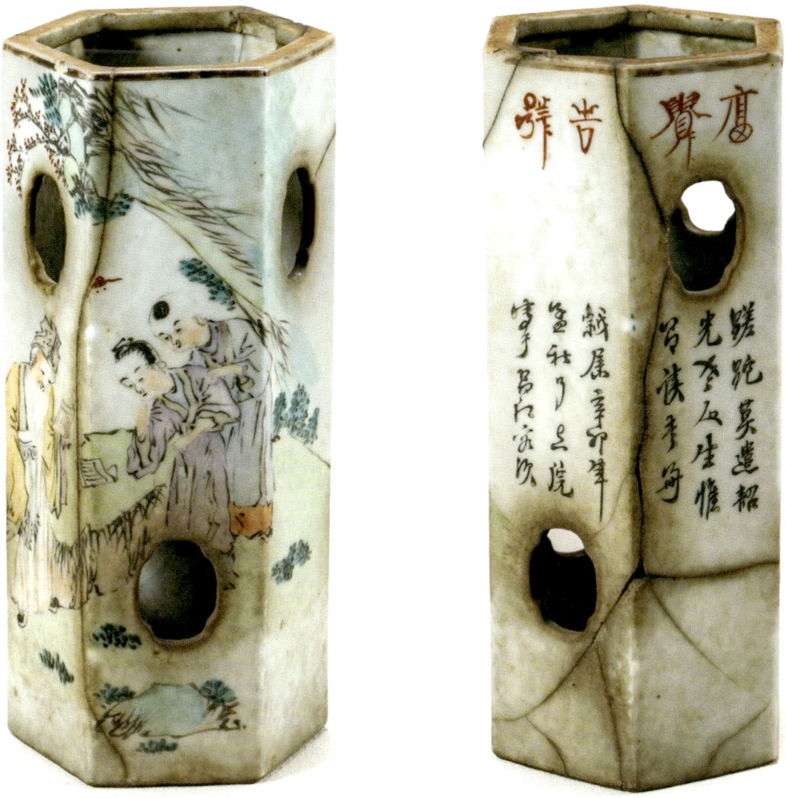

方伯谦所用帽筒

年代：清末

尺寸：直径 13.5 厘米，高 28.5 厘米

来源：方镛捐赠

## 池贞铨

池贞铨（1854—1915），字玉畬，福建福州人，船政前学堂制造班第一届毕业生，船政第一批赴法留学生，中国矿业奠基人。他与船政学生林庆升、林日章共同发现福州穆源煤矿、铁矿，打破外国垄断。1891 年起参与筹建中国近代第一个大型钢铁工厂——汉阳铁厂、中国第一个用近代技术开采的露天铁矿——大冶铁矿等。

## 池贞铨所用笔洗

年代：清末

尺寸：直径 27 厘米，高 12 厘米

来源：池转凡、池中、池宁、池江捐赠

**池贞铨所用放大镜**

年代：清末

尺寸：长 15.3 厘米，宽 6.3 厘米

来源：池转凡、池中、池宁、池江捐赠

**池贞铨所用贝壳饰盒**

年代：清末

尺寸：长 12.5 厘米，宽 7.5 厘米，高 8.5 厘米

来源：池转凡、池中、池宁、池江捐赠

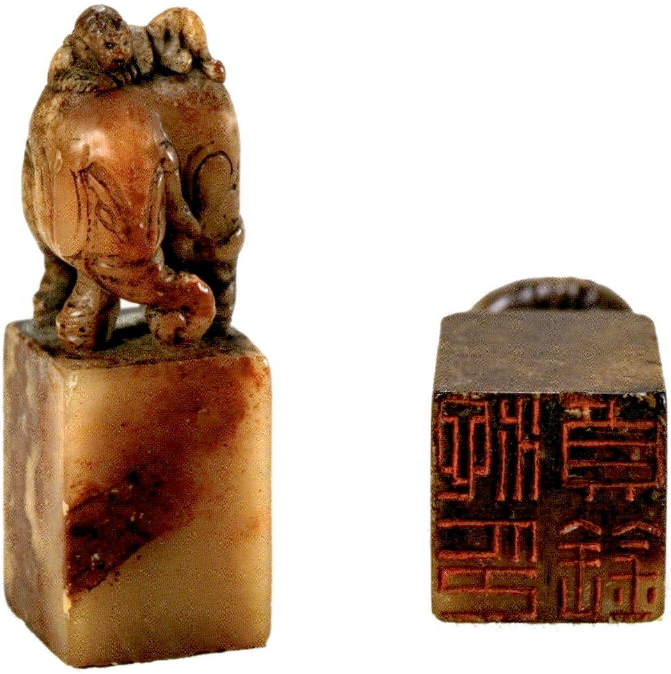

**池贞铨印章“池贞铨印”**
年代：清末
尺寸：长 2.2 厘米，宽 2.2 厘米，高 6.3 厘米
来源：池转凡、池中、池宁、池江捐赠

**池贞铨印章“玉畲”**

年代：清末

尺寸：长 2.2 厘米，宽 2.2 厘米，高 6.5 厘米

来源：池转凡、池中、池宁、池江捐赠

## 三、学堂衍脉

1912 年中华民国成立后，船政前、后学堂改为海军部直辖，1926 年合并为福州海军学校，1931 年更名为海军学校，是当时中国最重要的海军教育机构。抗日战争期间，学校坚守为国家培育海军人才的初衷，辗转千里坚持办学。

学堂沿革

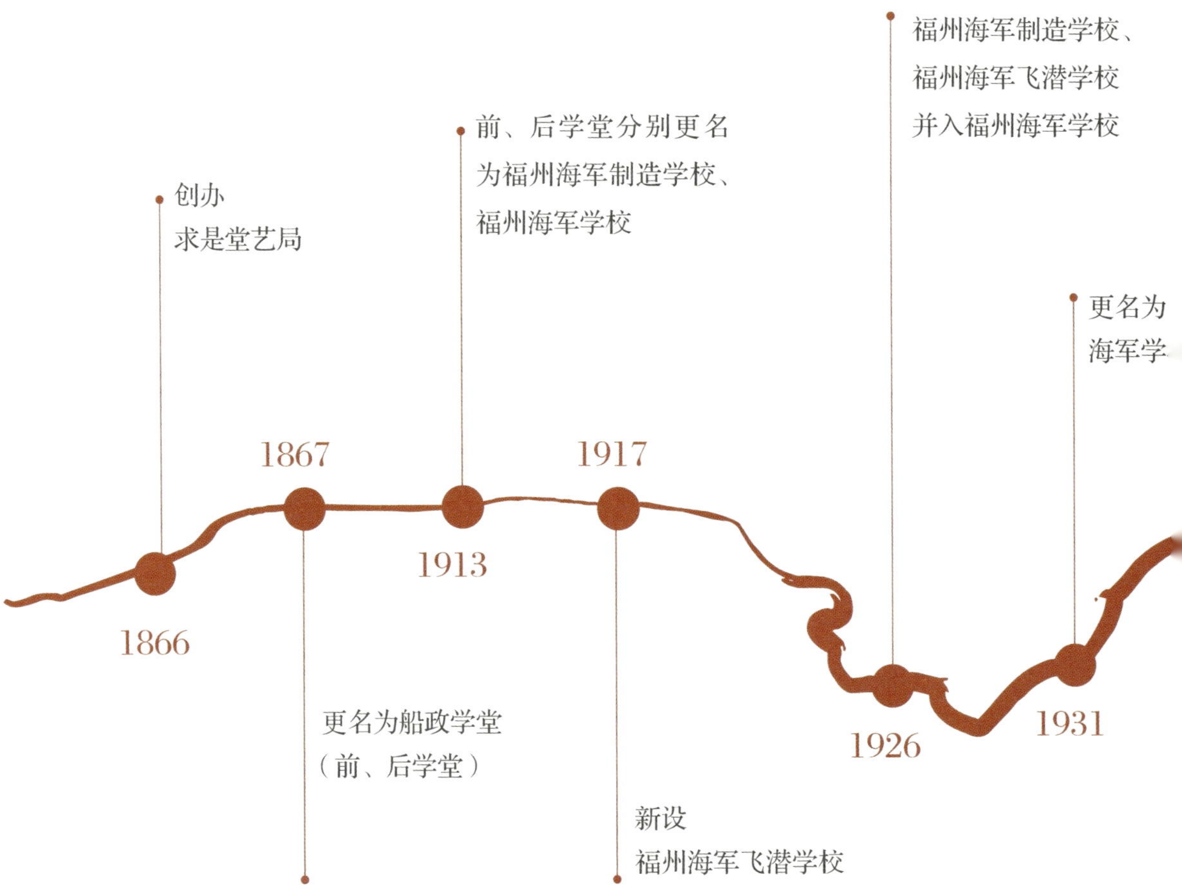

民国时期的海军学校

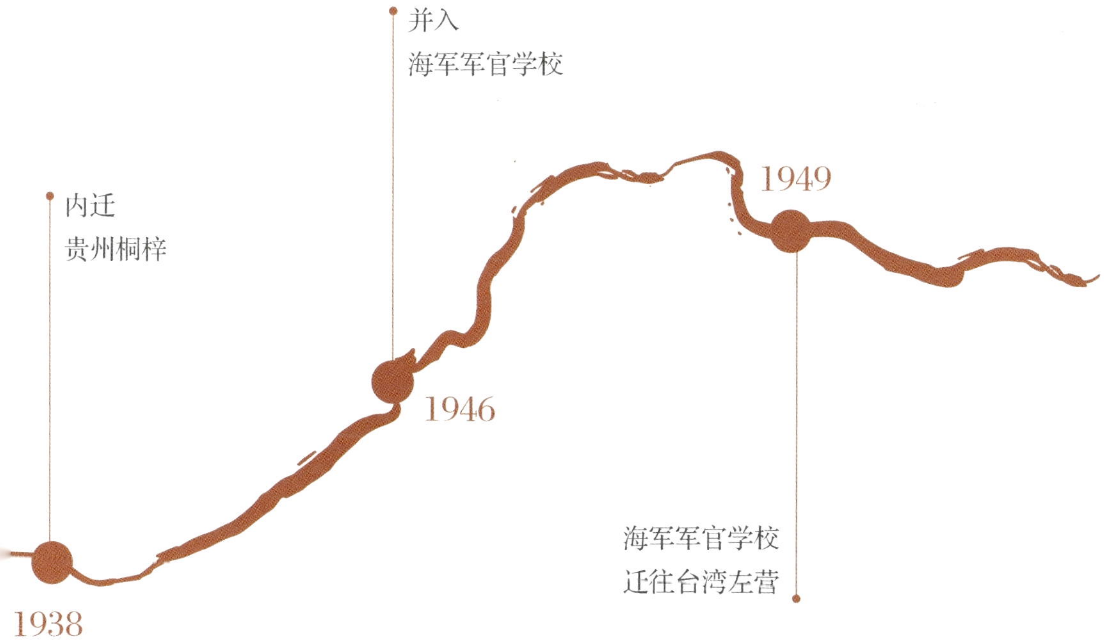

海军学校航海班毕业生李作健手抄课本《航海学》

年代：20 世纪 40 年代

尺寸：纵 34 厘米，横 21.5 厘米，厚 2.4 厘米

来源：本人捐赠

李作健（1919—2011），字也白，福建福州人，海军学校航海班第九届毕业生，历任海军布雷队队员、“长治”舰枪炮官、“中海”舰枪炮官、“中海”舰副舰长、“联荣”舰代理中尉副舰长、“太和”舰副舰长，中华人民共和国成立后担任浙江省远洋公司总船长。抗日战争时期物资匮乏，海军学校课本缺乏，李作健曾手抄《航海学》课本。

oted when the angles is $2\alpha$, it follows that the distance of the ship from the

Fig. 59.

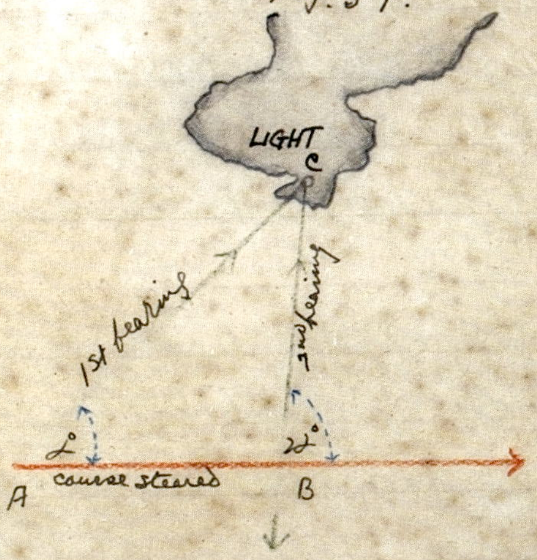


bject at the second observation is equal to the distance run by the ship during he time between the two observations. If the bearings are taken when the angles are 45° and 90° from the ship's course (on the bow and the beam) he fix obtained is known as 'a four points bearing'.

Doubling the angle on the bow can not be used, in its simple form, if there any tidal stream current or leeway across the course, that is, if the course made good is not the course steered. If this happens, the observation must be plotted as a running fix.

A similar method which gives the distance a ship will pass beam of an object by the following example.

Take the time when the angle on the bow is 35° and again when it is 67°, e distance running over the ground in the interval will be approximately the distance the ship will pass abeam of the object.

In figure 60, AB = LC, but only if the course made good is the

Fig 60

$\tan\alpha = \frac{a}{a+x}$ ...... (1)

$\tan\beta = \frac{a}{x}$, $x = \frac{a}{\tan\beta}$ ...... (2)

$\therefore \tan\alpha = \frac{a}{a+\frac{a}{\tan\beta}} = \frac{\tan\beta}{1+\tan\beta}$

$\therefore \cot\alpha = \frac{1+\tan\beta}{\tan\beta} = \cot\beta + 1$

$\cot 35 = \cot 67 + 1$

same as the course steered.

Note 37° and 72° give the same result.

### 1923 年海军飞潜学校甲班同学录

年代：1923 年

尺寸：纵 25.5 厘米，横 14.5 厘米，厚 0.5 厘米

来源：梁友尧捐赠

1917 年，海军部在福州船政局内设立福州海军飞潜学校，培养制造飞机、潜艇技术人才，学生从福州海军艺术学校英文班遴选，这是中国最早培养飞机、潜艇制造人才和飞行员、潜艇驾驶人才的高等学校。1926 年，福州海军飞潜学校并入福州海军学校。

序一

民國十二年歲在癸亥某月某日福州海軍飛潛學校甲班學生專習製造飛機校課已畢兼管監督陳中將兆鏘合歷考成績第其甲乙請獎給畢業文憑禮成並擬刊同學錄以紀其盛請序於余余謂飛機之製各國專家以其屬於軍事皆有不傳之秘而同學潛心研究獨出心裁交相印證聲應氣求雖遠隔異地析疑辨難不啻一堂晤對會不少吝而蘄進於絕詣者今諸生學成應世睠懷本校軍務之勞宣力不僅限於海軍各事所事若有不相爲謀者然實地經驗深造有得非同志不能相劘教學相長集思廣益後此之日月方長同學錄之所由刊歟夫久交不忘非關於同學錄之有無列其姓氏里居使知吾黨有志益張吾軍爲我國飛機先河之導俾有所取法也敬業樂羣於是乎在樂爲之序而歸之

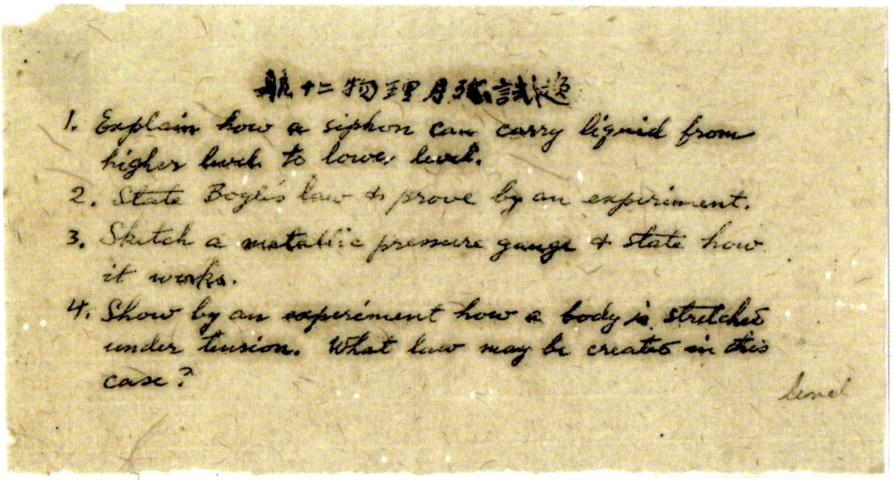

航十二物理月考試題

1. Explain how a siphon can carry liquid from higher level to lower level.
2. State Boyle's law & prove by an experiment.
3. Sketch a metallic pressure gauge & state how it works.
4. Show by an experiment how a body is stretched under tension. What law may be created in this case?

海军学校第十二届航海班物理月考试题

年代：民国

尺寸：纵 12.4 厘米，横 23.7 厘米

来源：高孔荣捐赠

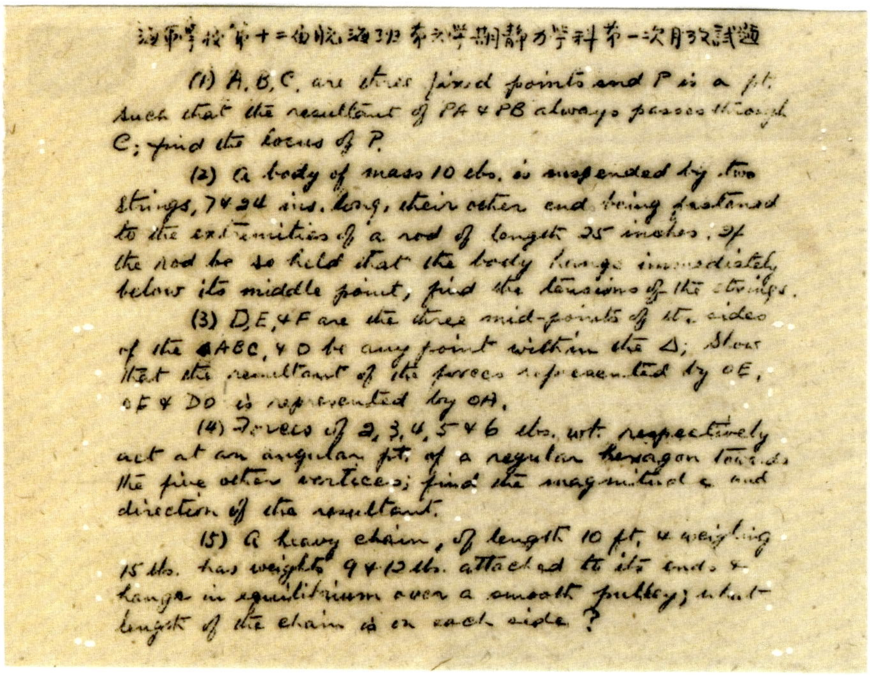

海軍學校第十二屆航海班第六學期靜力學科第一次月考試題

(1) A.B.C. are three fixed points and P is a pt. such that the resultant of PA & PB always passes through C; find the locus of P.

(2) A body of mass 10 lbs. is suspended by two strings, 7 & 24 ins. long, their other end being fastened to the extremities of a rod of length 25 inches. If the rod be so held that the body hangs immediately below its middle point, find the tensions of the strings.

(3) D, E, & F are the three mid-points of the sides of the ΔABC, & O be any point within the Δ; Show that the resultant of the forces represented by OE, OF & DO is represented by OA.

(4) Forces of 2, 3, 4, 5 & 6 lbs. wt. respectively act at an angular pt. of a regular hexagon towards the five other vertices; find the magnitude and direction of the resultant.

(5) A heavy chain, of length 10 ft. & weighing 15 lbs. has weights 9 & 12 lbs. attached to its ends & hangs in equilibrium over a smooth pulley; what length of the chain is on each side?

海军学校第十二届航海班第六学期静力学科第一次月考试题

年代：民国

尺寸：纵 19.8 厘米，横 25.5 厘米

来源：高孔荣捐赠

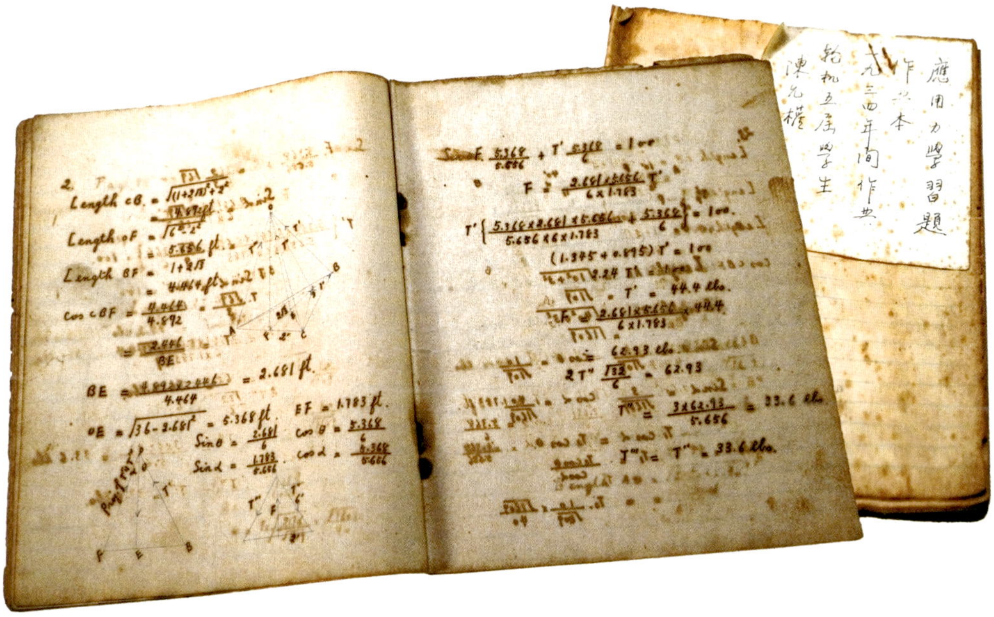


海军学校轮机班毕业生陈允权应用力学习题作业本

年代：1934 年

尺寸：纵 20.3 厘米，横 16.4 厘米

来源：本人捐赠

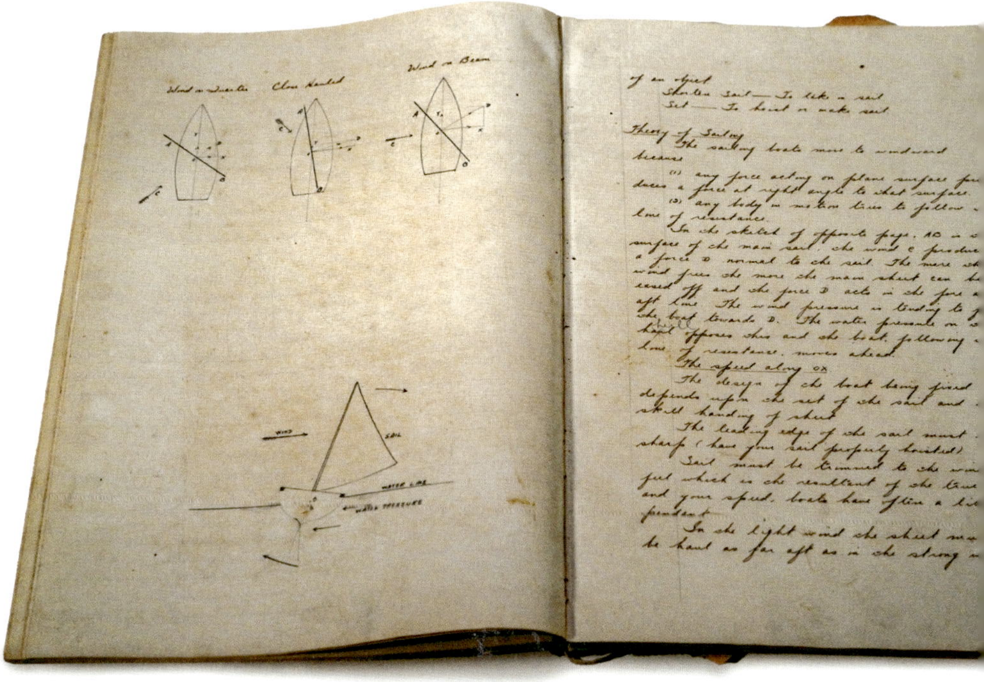

海军学校航海班毕业生刘震听课笔记本

年代：20 世纪 30 年代

尺寸：纵 33.5 厘米，横 22 厘米，厚 1.8 厘米

来源：刘可汉捐赠

**海军学校教材《鱼雷讲义》**

年代：1931 年

尺寸：纵 26 厘米，横 17.5 厘米，厚 3.2 厘米

来源：郑本基捐赠

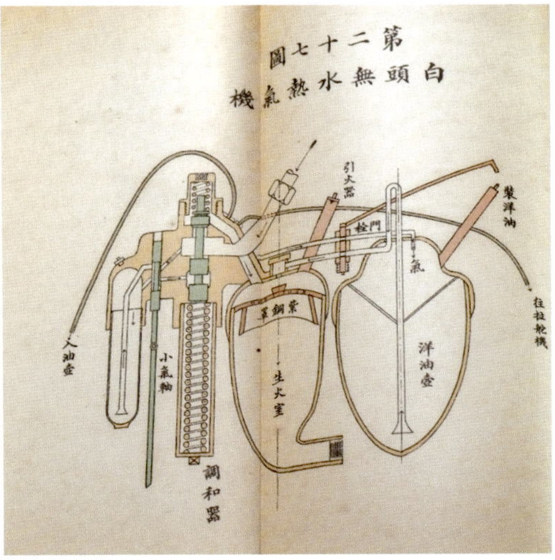


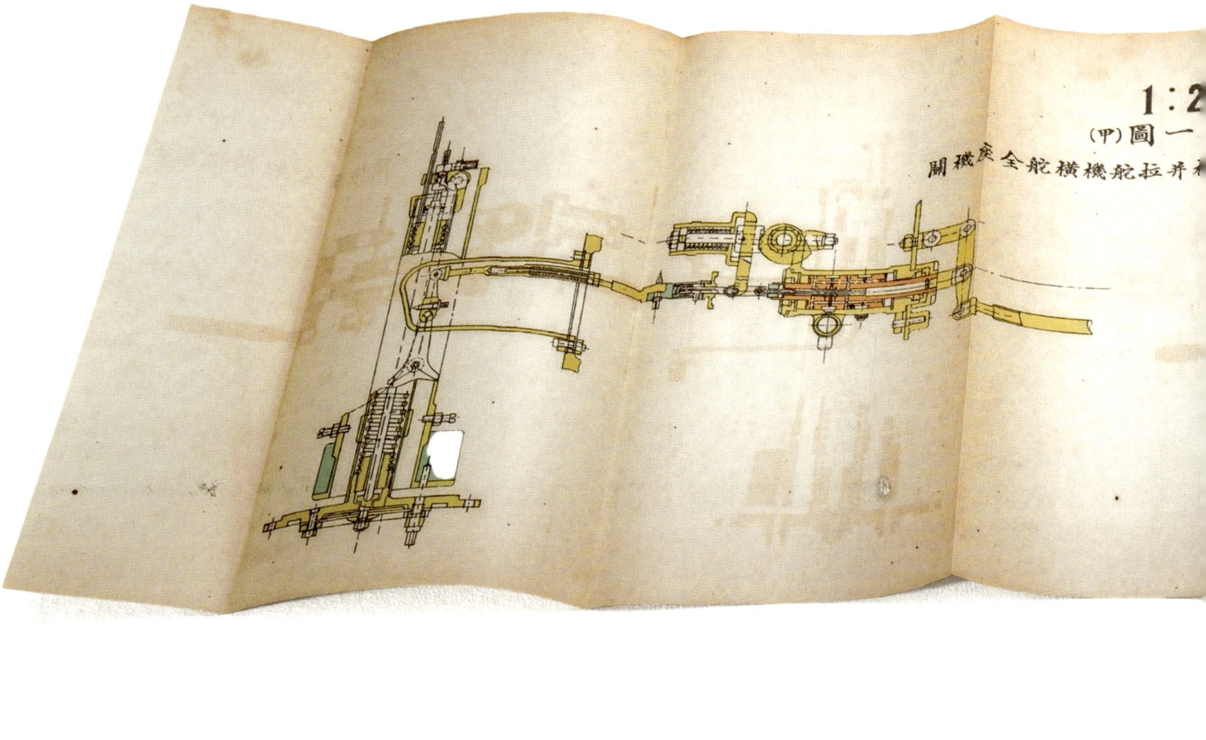

魚雷講義
海軍部印行

**海军学校教材《罗经图说》**

年代：民国

尺寸：纵 26 厘米，横 18.5 厘米，厚 0.8 厘米

来源：征集

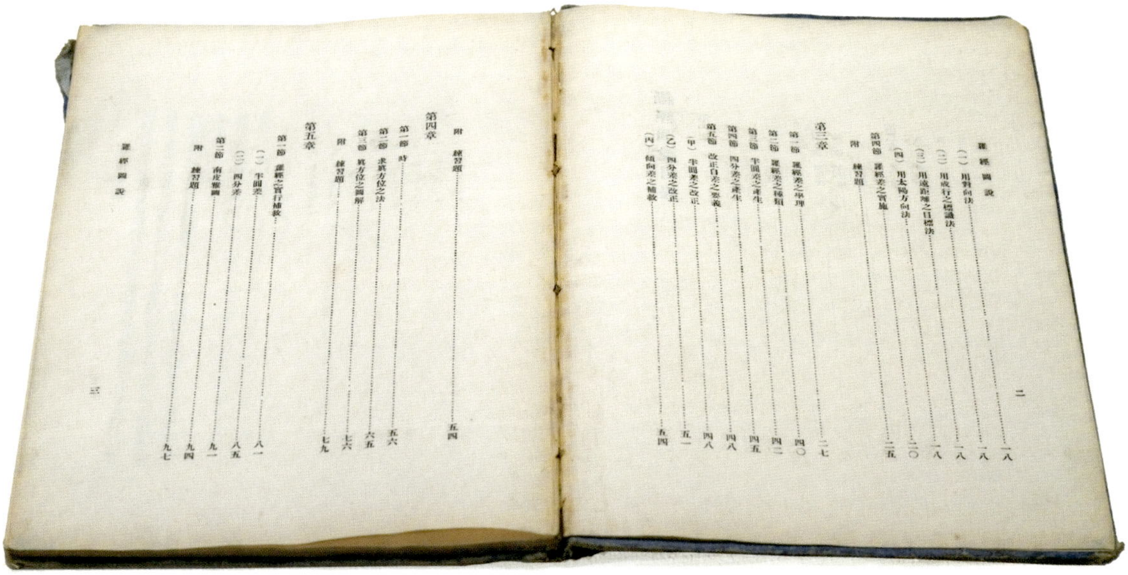

海军学校航海班毕业生高光暄留学英国格林威治皇家海军学院期间使用的英国产平行尺

年代：民国

尺寸：长 40 厘米，宽 9 厘米，厚 4 厘米

来源：高棠捐赠

高光暄（1915—1940），福建福州人，海军学校航海班第五届毕业生。1935 年 6 月公派英国格林威治皇家海军学院学习驾驶，后改学防空。抗日战争期间于 1939 年 2 月回国，任职于海军布雷队，后任贵阳防空技术学校教官。1940 年 8 月带学生赴重庆实习时遭遇日机空袭，不幸牺牲。

**抗日战争时期海军学校在桐梓所用校徽**

年代：1938 年

尺寸：直径 3.3 厘米

来源：陈其华捐赠

**桐梓海校**

1937 年抗日战争全面爆发后，为避免战火影响，1938 年初海军学校奉命迁至福州鼓山涌泉寺，后又迁往湖南湘潭，因湘赣战事吃紧，于 1938 年 10 月搬迁至贵州桐梓继续办学，校名桐梓海校。图为桐梓海校校舍金家楼，是贵州省省级文物保护单位。

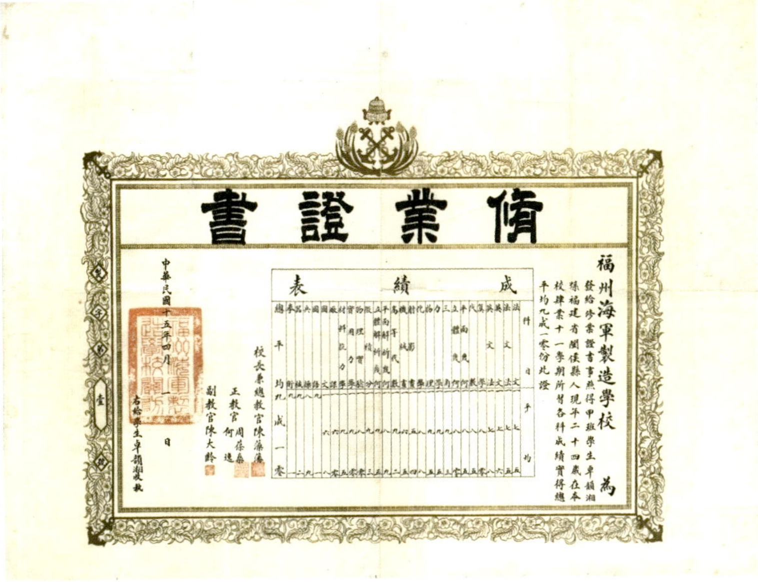
脩業證書

福州海軍製造學校 為
發給修業證書事照得甲班學生卓韻湘
係福建省閩侯縣人現年二十四歲在本
校肄業十一學期所習各科成績實得總
平均九成一零份此證

成績表

校長兼總教官陳藻藩
正教官周葆森
何進
副教官陳大齡
中華民國十五年四月 日
右給學生卓韻湘收執

福州海军制造学校颁发给卓韵湘的修业证书

年代：1926 年

尺寸：纵 55 厘米，横 66 厘米

来源：朱卓芝美、卓希文、卓石溪、卓人美、卓春美捐赠

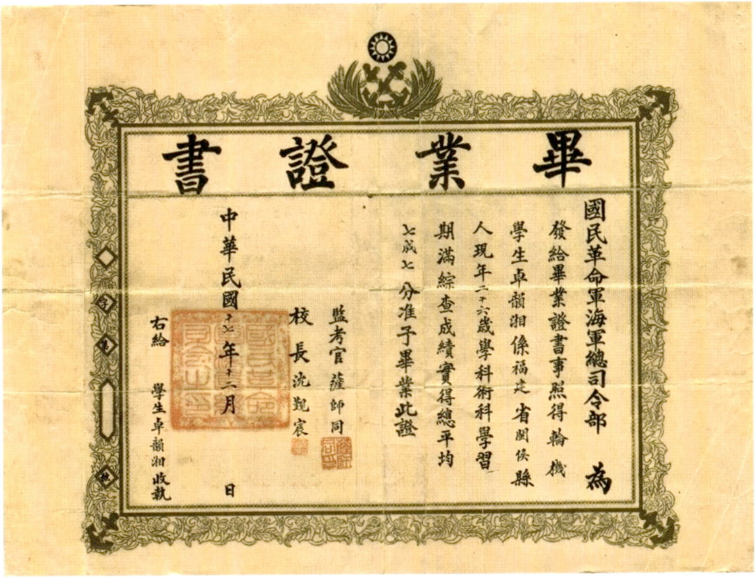
畢業證書

國民革命軍海軍總司令部 為
發給畢業證書事照得輪機
學生卓韻湘係福建省閩侯縣
人現年二十六歲學科術科學習
期滿綜查成績實得總平均
七成七分准予畢業此證

監考官薩師同
校長沈覲宸
中華民國十七年十二月 日
右給
學生卓韻湘收執

国民革命军海军总司令部颁发给卓韵湘的毕业证书

年代：1928 年

尺寸：纵 42.5 厘米，横 57 厘米

来源：朱卓芝美、卓希文、卓石溪、卓人美、卓春美捐赠

卓韵湘，福建福州人，福州海军学校轮机班第二届毕业生。曾任海军工厂工务课电务股少校股长、江南造船所生产处中校工程师、中国油轮有限公司总工程师等职。

**庄怀远**

庄怀远（1916—1949），福建福州人，海军学校航海班第五届毕业生。曾任“民权”舰二等中尉航海员、海军总司令部布雷第四分队中尉队员、海军第一布雷总队第七大队队副、海军部接舰处航海官、海军机械学校少校组长等职。

---

海军学校设校课、舰课、鱼雷、枪炮等课程，各课学习期满合格结业，取得相应修业证书，后由海军部核定并颁发毕业证书。

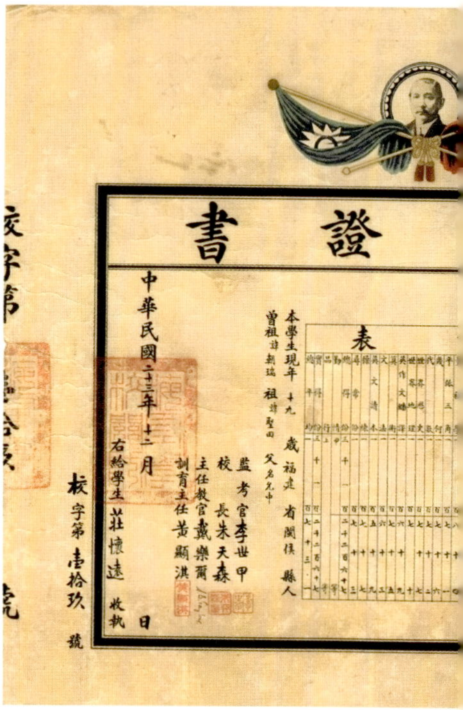


海军学校颁发给庄怀远的修业证书

年代：1934 年

尺寸：纵 43 厘米，横 51 厘米

来源：庄子葭捐赠

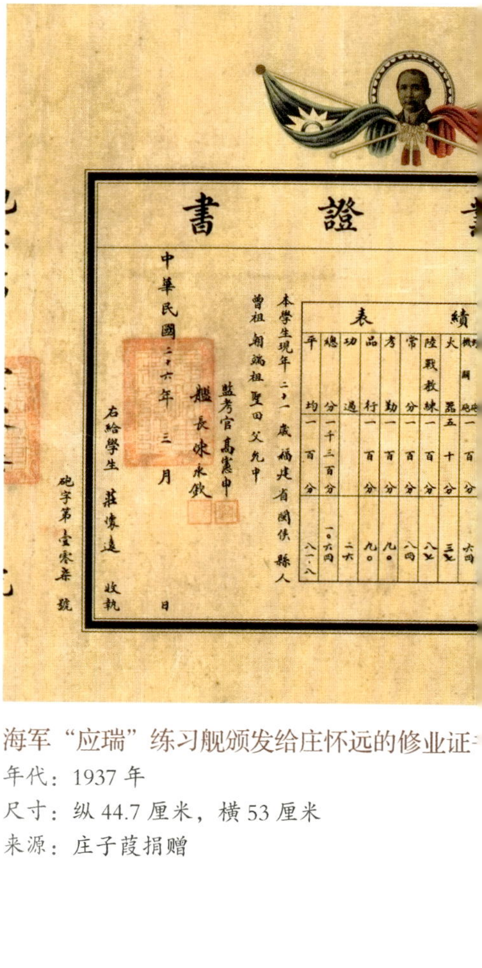


海军“应瑞”练习舰颁发给庄怀远的修业证书

年代：1937 年

尺寸：纵 44.7 厘米，横 53 厘米

来源：庄子葭捐赠

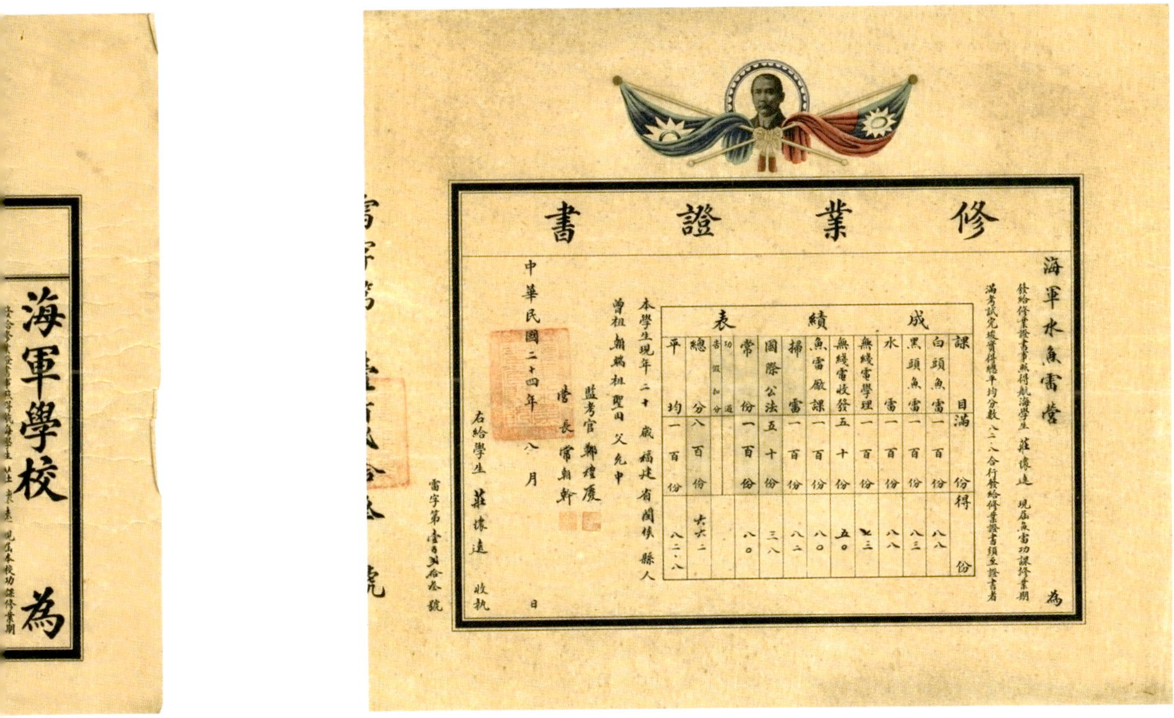

修業證書

海軍水魚雷營 為

發給修業證書事照得航海學生莊懷遠 現在魚雷功課修業期滿考試完竣實得總平均分數八二·八合行發給修業證書須至證書者

| 課目 | 滿份 | 得份 |
|---|---|---|
| 白頭魚雷 | 一百份 | 八八 |
| 黑頭魚雷 | 一百份 | 八三 |
| 水雷 | 一百份 | 八八 |
| 無綫電學理 | 一百份 | 七三 |
| 無綫電收發 | 五十份 | 五〇 |
| 魚雷廠課 | 一百份 | 八〇 |
| 掃雷 | 一百份 | 八二 |
| 國際公法 | 五十份 | 三八 |
| 常份 | 一百份 | 八〇 |
| 功過 | | |
| 書報加分 | | |
| 總分 | 八百份 | 六六二 |
| 平均 | 一百份 | 八二·八 |

本學生現年二十 歲 福建省閩侯 縣人

曾祖 朝端 祖 聖由 父 允中

監考官 鄭禮慶

營長 常朝幹

中華民國二十四年八月 日

右給學生 莊懷遠 收執

海军水鱼雷营颁发给庄怀远的修业证书

年代：1935 年

尺寸：纵 45 厘米，横 53 厘米

来源：庄子葭捐赠

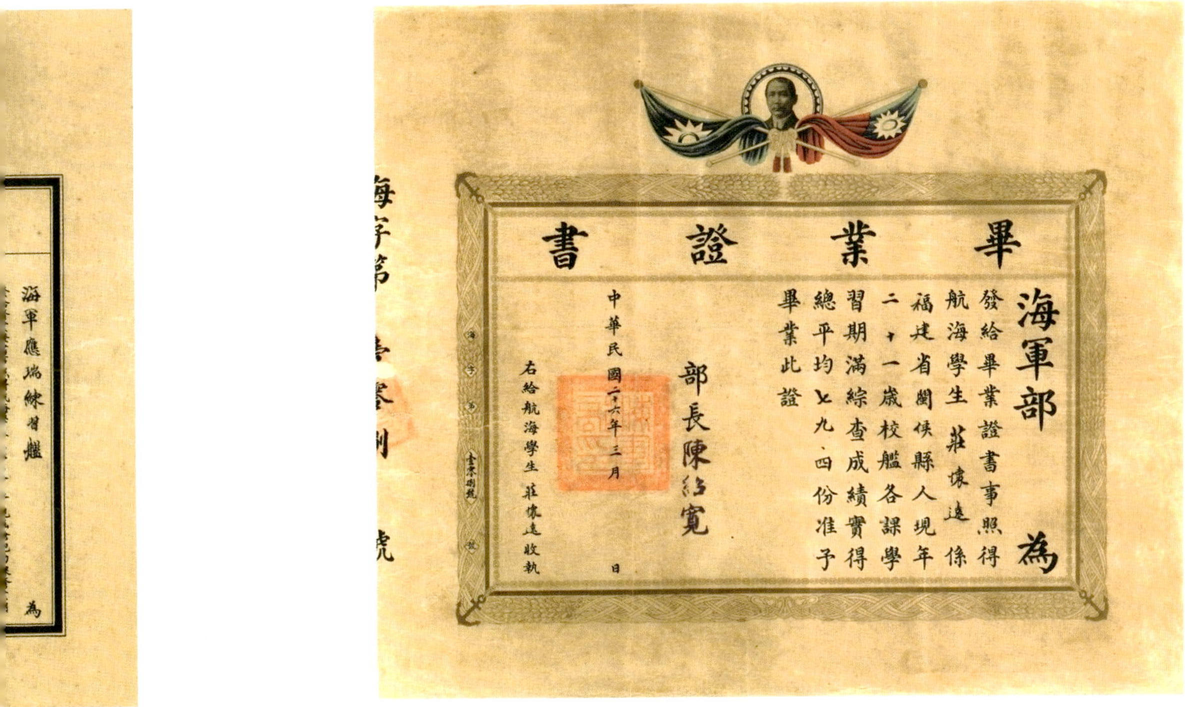

畢業證書

海軍部 為

發給畢業證書事照得航海學生莊懷遠係福建省閩侯縣人現年二十一歲校艦各課學習期滿綜查成績實得總平均七九·四份准予畢業此證

部長陳紹寬

中華民國二十六年三月 日

右給航海學生莊懷遠收執

海军部颁发给庄怀远的毕业证书

年代：1937 年

尺寸：纵 45 厘米，横 54 厘米

来源：庄子葭捐赠

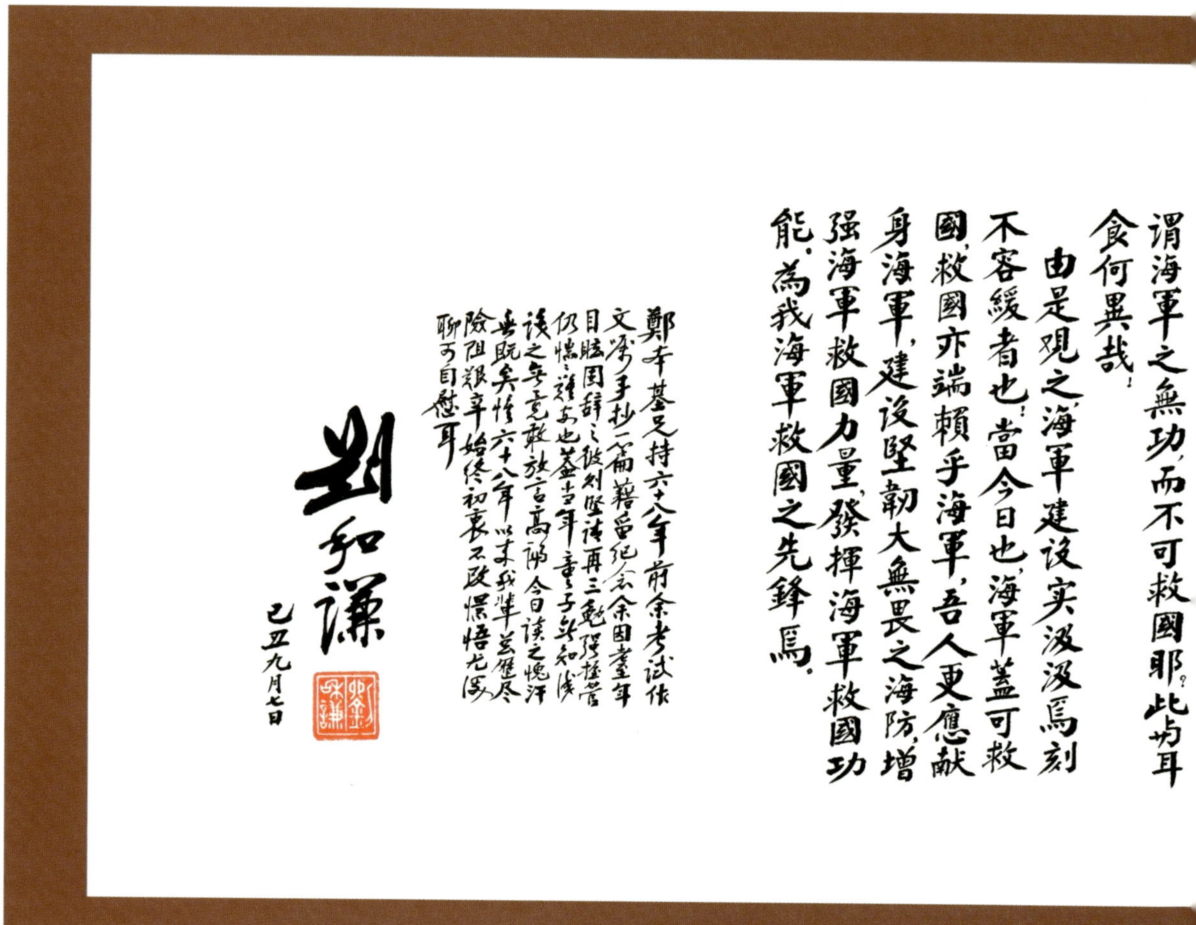


**海军学校航海班毕业生刘和谦手书《海军救国论》**

年代：2009 年

尺寸：纵 43 厘米，横 114 厘米

来源：刘和谦捐赠

1941 年海军学校在贵州桐梓招生，考题为海军救国论，当时年仅 14 岁的安徽合肥籍考生刘和谦的作文因立论雄辩，文辞精彩，被评为优等，受到海军总司令陈绍宽的赞赏，特批在《海军杂志》刊载，传为佳话。图为 2009 年刘和谦为中国船政文化博物馆重新手书的《海军救国论》。

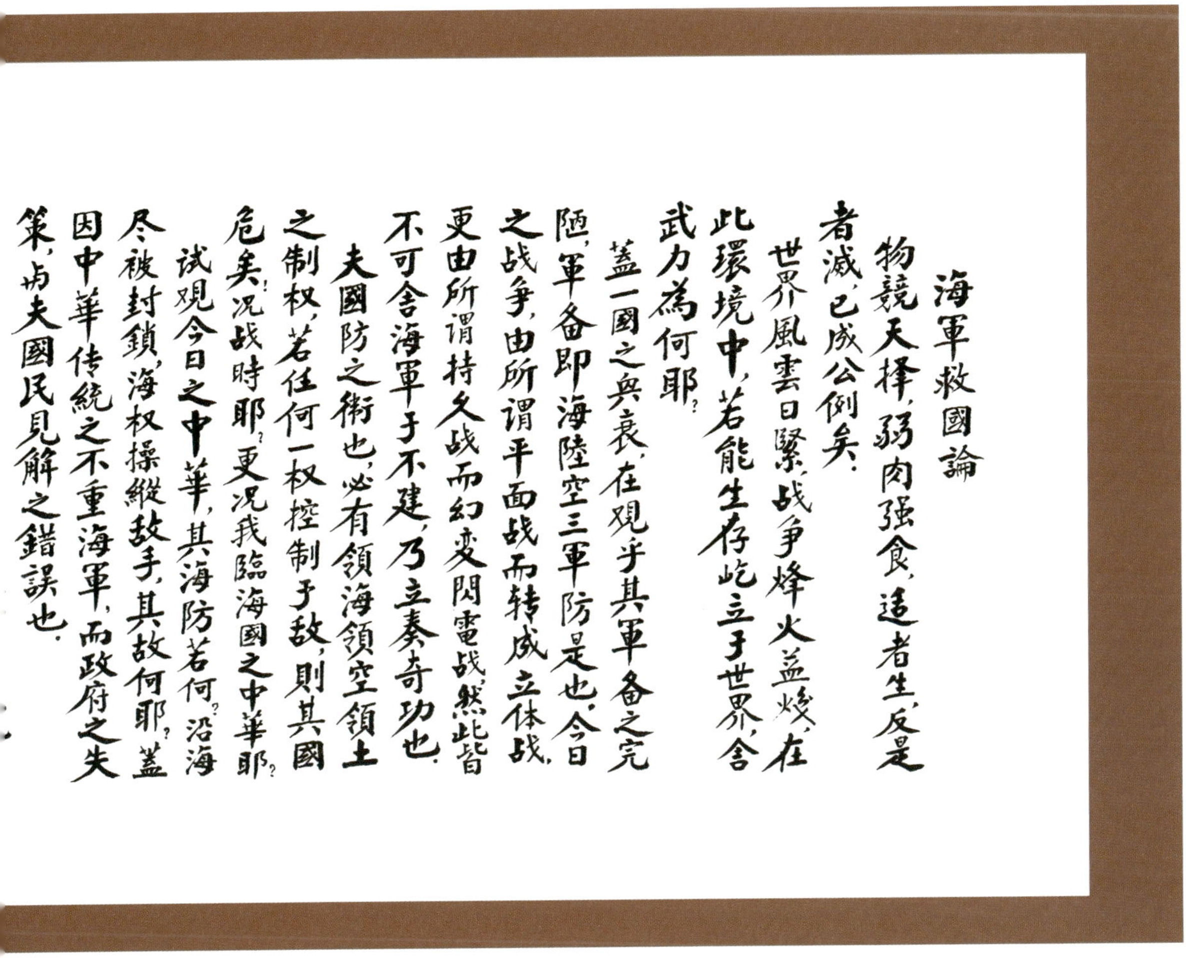

海軍救國論

物競天擇，弱肉强食，適者生，反是者滅，已成公例矣。

世界風雲日緊，战争烽火益熾，在此環境中，若能生存屹立于世界，舍武力爲何耶？

蓋一國之興衰，在观乎其軍备之完陋，軍备即海陸空三軍防是也。今日之战争，由所謂平面战而转成立体战，更由所謂持久战而幻变閃電战，然此皆不可舍海軍于不建，乃立奏奇功也。

夫國防之術也，必有領海領空領土之制权，若任何一权控制于敌，則其國危矣！况战時耶？更况我臨海國之中華耶？

試观今日之中華，其海防若何？沿海尽被封鎖，海权操縱敌手，其故何耶？蓋因中華传統之不重海軍，而政府之失策，与夫國民見解之錯誤也。

## 四、艺圃传承

民国时期，船政艺圃更名为福州海军艺术学校，仍是福州船政局下属的技术学校，20 世纪 30 年代，由于官方经费紧张，学校改为私立，更名为“勤工学校”，继续培育职业技术人才。抗日战争全面爆发后迁往闽北，抗日战争结束后改称“高航学校”。

艺圃沿革

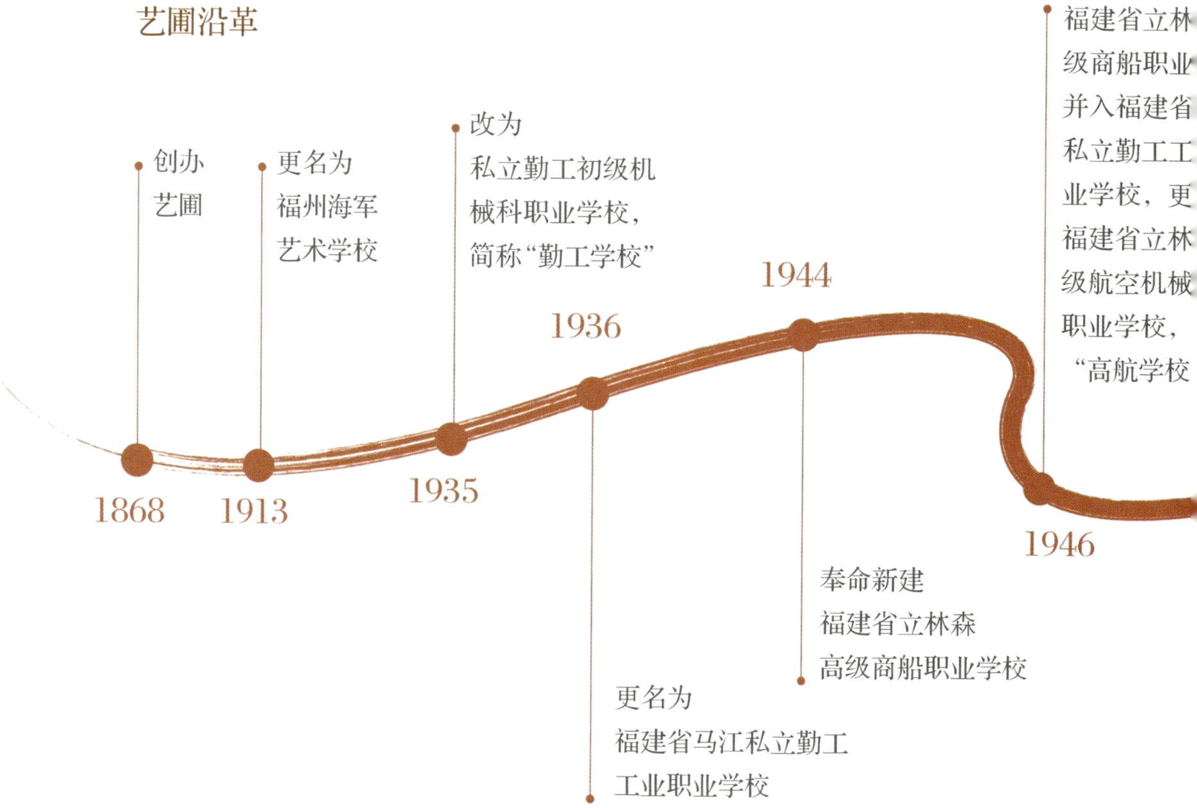

艺圃

船、轮机、航空机械
并入福建省福州高级
业职业学校，该校后
展为福建理工大学

航海科并入私立集美高
级水产航海职业学校，
该校后发展为集美大学
航海学院

52
国院校调整，
校停办

1953
造船科调归上海船
舶工业学校，该校
后发展为江苏科技
大学

1982
复办
福建马尾商船学校

1988
更名为
福建船政学校

1999
四校合并，
成立福建交通职
业技术学院

2011
更名为
福建船政交通
职业学院

**船政绘事院毕业生黄聚华全家福**

年代：民国

尺寸：纵 13 厘米，横 19.7 厘米

来源：黄信平捐赠

黄聚华（1881—1960），字竹溪，福建福州人，船政绘事院毕业生，毕业后留船政任造船设计师。1913 年，艺圃改称福州海军艺术学校，黄聚华出任校长兼总教官。中华人民共和国成立后，黄聚华不顾高龄返回高航学校工作，任罗星塔分校机械科教师，1960 年病逝。

**黄聚华所用印章**

年代：民国

尺寸：长 1.5 厘米，宽 1.5 厘米，高 8 厘米

来源：黄信平捐赠

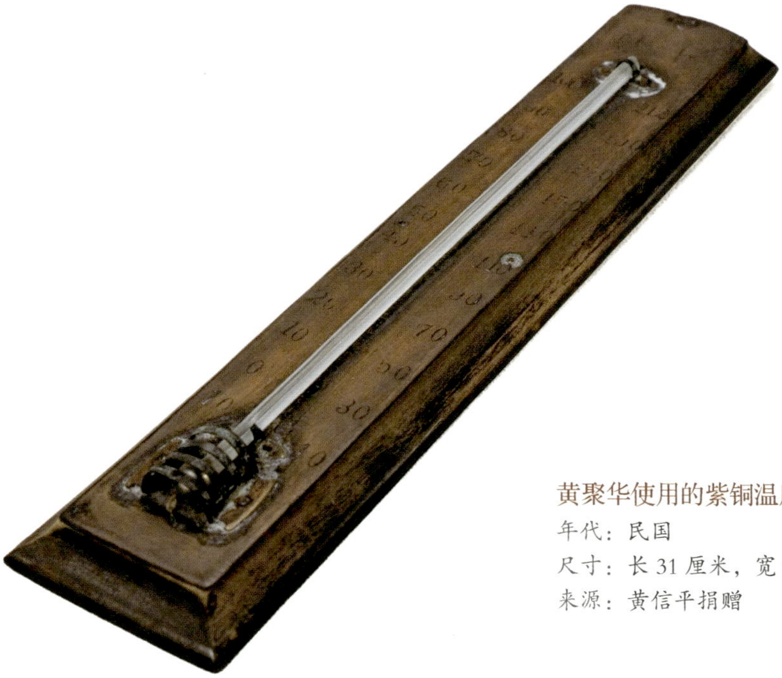

黄聚华使用的紫铜温度计
年代：民国
尺寸：长 31 厘米，宽 6.5 厘米，厚 2 厘米
来源：黄信平捐赠

黄聚华使用的铜量角折叠尺
年代：民国
尺寸：长 31 厘米，宽 1.5 厘米，厚 0.9 厘米
来源：黄信平捐赠

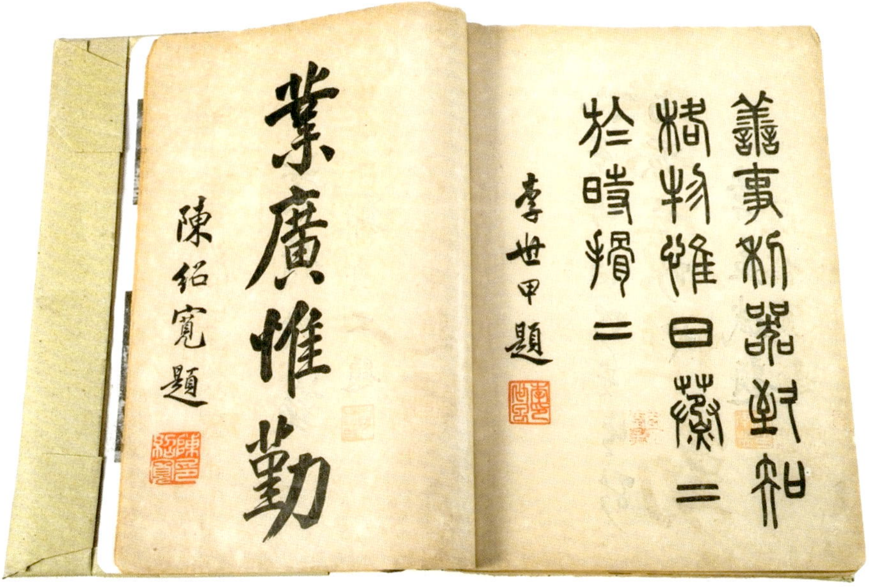

《勤工校刊》创刊号
年代：1937 年
尺寸：纵 26 厘米，横 18.5 厘米，厚 1.5 厘米
来源：陈道章捐赠

### 陈道章

陈道章（1923—2015），福建福州人，勤工学校五年制机械科毕业生，后进入福建协和大学学习，在校参加学生运动，担任福建协和大学地下党支部兼马尾港支部书记。中华人民共和国成立后，热心文史研究和科普工作，著有《中国古代化学史》《马尾史话》《马尾文物题刻诠释》等，是著名的船政文化专家。

畢業證書

學生陳道章係福建省閩侯縣人現年十九歲在本校高五年制級機械科修業期滿成績及格准予畢業此證

校長

中華民國三十一年 一月 日

### 陈道章福建省马江私立勤工工业职业学校毕业证书

年代：1942 年

尺寸：纵 24 厘米，横 39.3 厘米

来源：本人捐赠

奬狀

查本校五年制高級
機械科學生陳道章
操守謹飭學績亦優
體育一門並知敦尚
殊堪嘉許合給乙等
奬狀一紙以資鼓勵
此狀

福建省马江私立勤工工業職業學校校長陳鍾新

中華民國二十九年九月一日給

陈道章福建省马江私立勤工工业职业学校乙等奖状

年代：1940 年

尺寸：纵 33.3 厘米，横 44.3 厘米

来源：本人捐赠

畢業證書

學生張一濤係福建省
福州市人現年壹拾捌歲
在本校叁年制航空機
械科修業期滿成績及
格准予畢業此證

福建省高級航空機械商船職業學校校長陳鍾新

公曆壹玖伍貳年 柒月 日

张一涛福建省高级航空机械商船职业学校毕业证书

年代：1952 年

尺寸：纵 39 厘米，横 45.8 厘米

来源：本人捐赠

张一涛（1934—2023），福建福州人，高航学校三年制航空机械科第五届毕业生，高级工程师。参加过新中国首批仿苏轰炸机的制造。曾任天津河北工学院机械制造、机械制图任课教师，江西轻工业学院本科任课教师及基础技术教研室主任。编写《画法几何习题集》《机械制图作业指示书》等教材。

船政系列学校学生证书

修業文憑
修業證書
海軍學校
畢業證書
海軍學校
為

油画作品《星火》

画作表现的是船政在各个时期培育出的杰出人物。他们从船政走出，走向全国，投身于国家事业，在海军、制造、教育、外交、天文、交通等诸多领域取得突出成就，对中国社会的近代化作出重要贡献。

# 船政制造

船政通过学习、引进欧洲工业技术知识，建成大规模的造船基地，掌握了蒸汽舰船以及蒸汽机、锅炉等核心装备的设计建造能力。20 世纪初，船政的制造事业又新苗萌动，建成了中国最早的规模化航空工业机构。

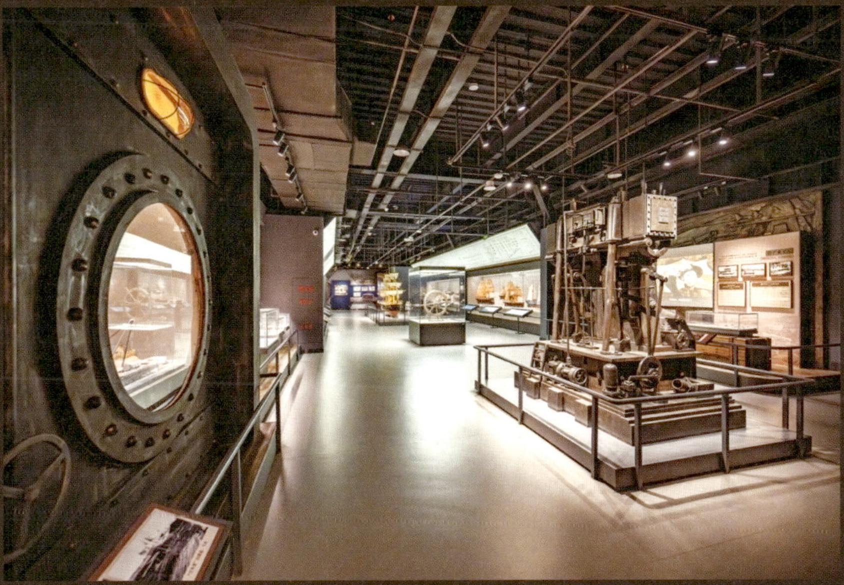

“自强之道——船政历史文化陈列”第四部分“船政制造”入口

# 一、船政制造

船政秉持国产自造理念，组建了齐全的生产体系，为近代中国海军的装备建设作出贡献。1912 年后，船政的制造部门独立，隶属海军，改称福州船政局。1930 年更名为海军马尾造船所，始终是近代中国重要的舰船修造机构。

船政制造部门主要机构一览

1874 年

- 转锯厂（锯木车间）
- 钟表厂（仪表车间）
- 水缸厂（锅炉车间）
- 合拢厂（总装车间）
- 锤铁厂（锻造车间）
- 样板厂（放样车间）
- 帆缆厂（帆缆车间）
- 木模厂（细木工车间）
- 小铁厂（铁工车间）
- 轮机厂（轮机车间）
- 铸铁厂（铸造车间）
- 拉铁厂（轧铁车间）
- 桅舵舢板厂（木工车间）
- 砖灰厂（制砖车间）

- 船台（船台车间）
- 铁船槽（修船车间）

- 广储所（综合仓库）
- 储材所（木材仓库）
- 机械所（设备仓库）
- 版筑所（土建施工队）

- 大锅炉房（动力车间）

- 绘事院（设计科）

- 东考工所（技术工人管理机构）
- 西考工所（技术工人管理机构）
- 健丁营（杂务工人管理机构）

船政制造部门俗称“十三厂”，由办公所统一管理，下辖各“厂”“所”“院”“营”等单位，是中国第一个完整地参考西方模式组建的现代工厂车间体系。

19 世纪 70 年代的船政厂区全景

船政办公所

建造中的“万年清”舰

## 船政制造部门发展沿革

**1866年**
- 船政创建

**1874年**
- 船政创建成功，制造部门规模位居东亚第一

**1896年**
- 船政青洲船坞竣工，民国时期更名为一号船坞

**1912年**
- 船政制造部门和船政衙门并称福州船政局

**1914年**
- 收购洋商天裕船坞，命名为二号船坞

**1918年**
- 附设飞机制造工程处

**1930年**
- 福州船政局更名为海军马尾造船所

**1939年**
- 马尾造船所重要机器物资迁往南平等地

**1941年**
- 侵华日军占领马尾，马尾造船所军籍人员撤往闽西

**1947年**
- 马尾造船所恢复

**1949年**
- 马尾造船所部分技术人员和设备被国民党海军运往澎湖马公；
- 中国人民解放军解放马尾，华东军区海军接管原马尾造船所厂区

**1954年**
- 中国人民解放军水兵师修船一厂迁入原马尾造船所厂区；
- 修船一厂改由福州军区后勤部船管处管理

**1958年**
- 修船一厂移交福建省交通厅；
- 福州港务局船舶修造厂并入修船一厂，同年更名为福建省马尾造船厂

**2001年**
- 福建省马尾造船厂改制为福建省马尾造船股份有限公司

**2016年**
- 福建省马尾造船股份有限公司迁往闽江口粗芦岛

### 清“福建船政同治拾年”车床

年代：1871 年
尺寸：长 365 厘米，宽 67 厘米，高 133 厘米
来源：征集

清“福建船政同治拾年”车床，1997 年从宁德市古田县的私人作坊征集时还在使用。这台车床原本是船政使用的龙门刨床，从上面的铭文“福建船政同治拾年”可以看出这台机器制造于 1871 年。在岁月流转中，龙门刨床散失于民间，零部件没有完整地保存下来，曾被改装成车床。虽然年代久远，但它仍可满足基本的生产需要。

## 法国米卢斯杜克芒公司制造的插床

年代：1867 年

尺寸：长 230 厘米，宽 130 厘米，高 260 厘米

来源：征集

于 1867 年在法国订制，是船政从欧洲引进的首批机械加工设备之一，床身有工厂名和制造年份“1867”铭文。插床学名为直刨床，属于工业母机，可用于刨削金属。1866 年左宗棠创设船政时，本着主权在我的原则，要求船政掌握近代化舰船及相关的蒸汽机、锅炉、仪表、帆缆等各种技术装备的制造能力，为此委托洋员日意格等从欧洲订制了大批机械加工设备。1867 年 12 月 13 日，船政在欧洲订制的第一批设备从法国海运到达马尾，其中就包括插床。该插床长期在船政使用，抗日战争期间被转移到南平峡阳，抗日战争胜利后运回马尾造船所。1970 年，马尾造船厂更新设备，替换下来的部分旧设备被福建机器厂购入，1867 年造插床就在其列，随后又辗转至三明机床厂，2019 年 10 月 30 日由中国船政文化博物馆征集入藏。该设备是国内现存最早的近代机床之一，是近代中国工业化进程的宝贵实物佐证，在世界范围内也是罕见的早期工业设备遗存。

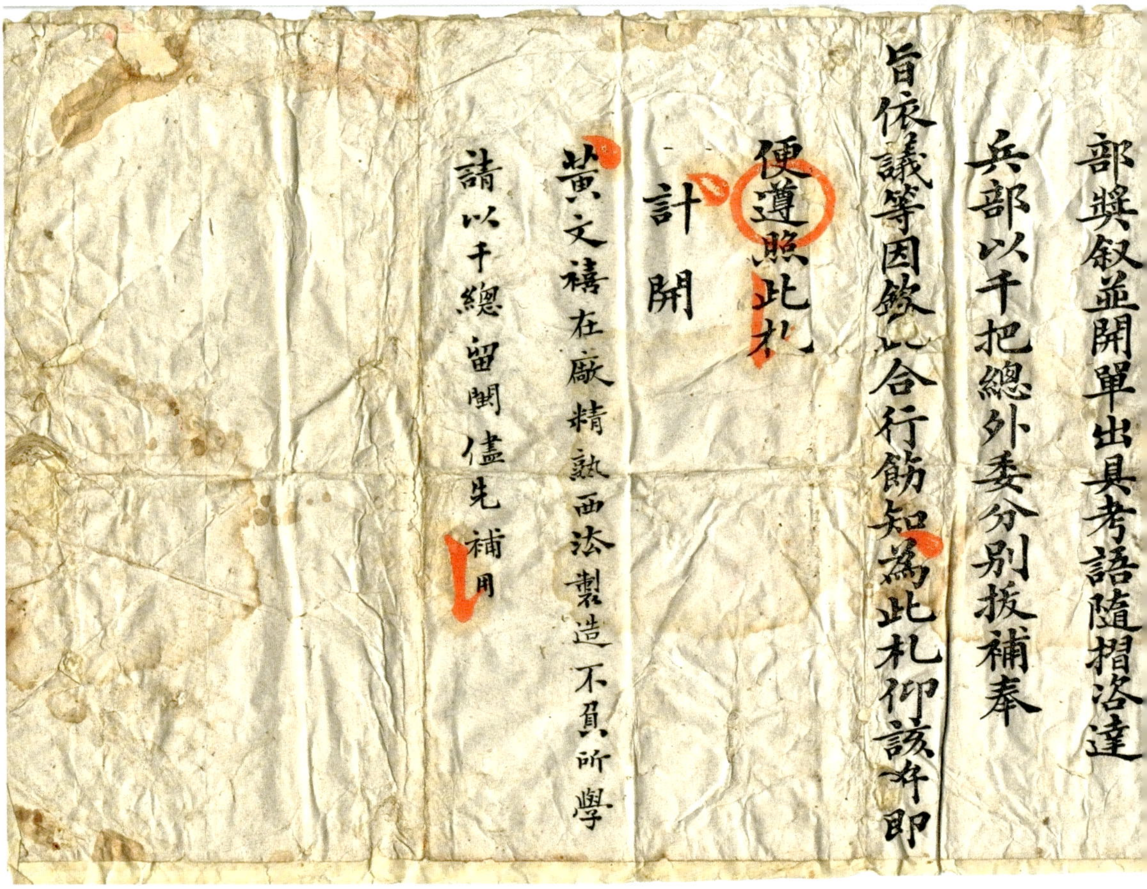


**船政高级监督委员会及左宗棠联名咨请给奖黄文禧的奏折**

年代：清

尺寸：纵 25 厘米，横 64 厘米

来源：黄行坚、黄仁洪捐赠

黄文禧（1828—1897），福建福州人。1866 年，黄文禧进入船政工作，后进入艺圃学习，先后参与建造“万年清”“扬武”“飞云”“振威”“济安”等舰。因能力突出，1875 年经清廷批准，黄文禧擢升为千总（正五品），任船政版筑车间匠首，船政大臣沈葆桢为黄文禧题“大夫第”匾。后因功加守备衔（从四品）。

船政衙门由福州将军、闽浙总督、福建巡抚和船政大臣组成高级监督委员会会商船政事宜，船政奏折由此四人及左宗棠共同联名上奏，时属全国首例。

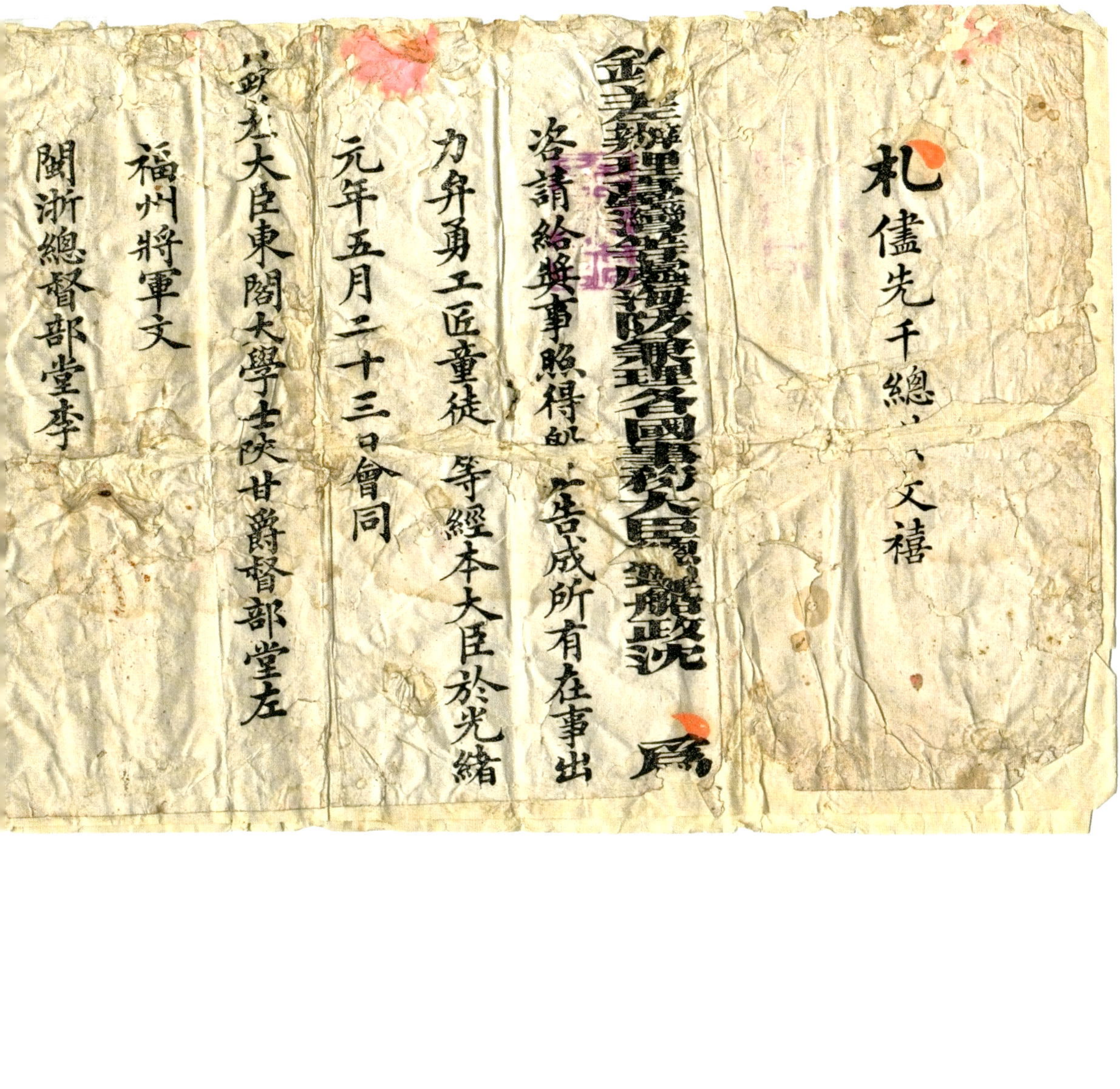
札儘先千總、、文禧
欽差督辦臺灣等處海防兼理各國事務大臣總理船政沈 為
咨請給獎事照得船、、告成所有在事出
力弁勇工匠童徒 等經本大臣於光緒
元年五月二十三日會同
欽差大臣東閣大學士陝甘爵督部堂左
福州將軍文
閩浙總督部堂李

**清福建船政锉刀**

年代：清

尺寸：长 23 厘米，宽 4 厘米，高 2.6 厘米

来源：郑贞仁捐赠

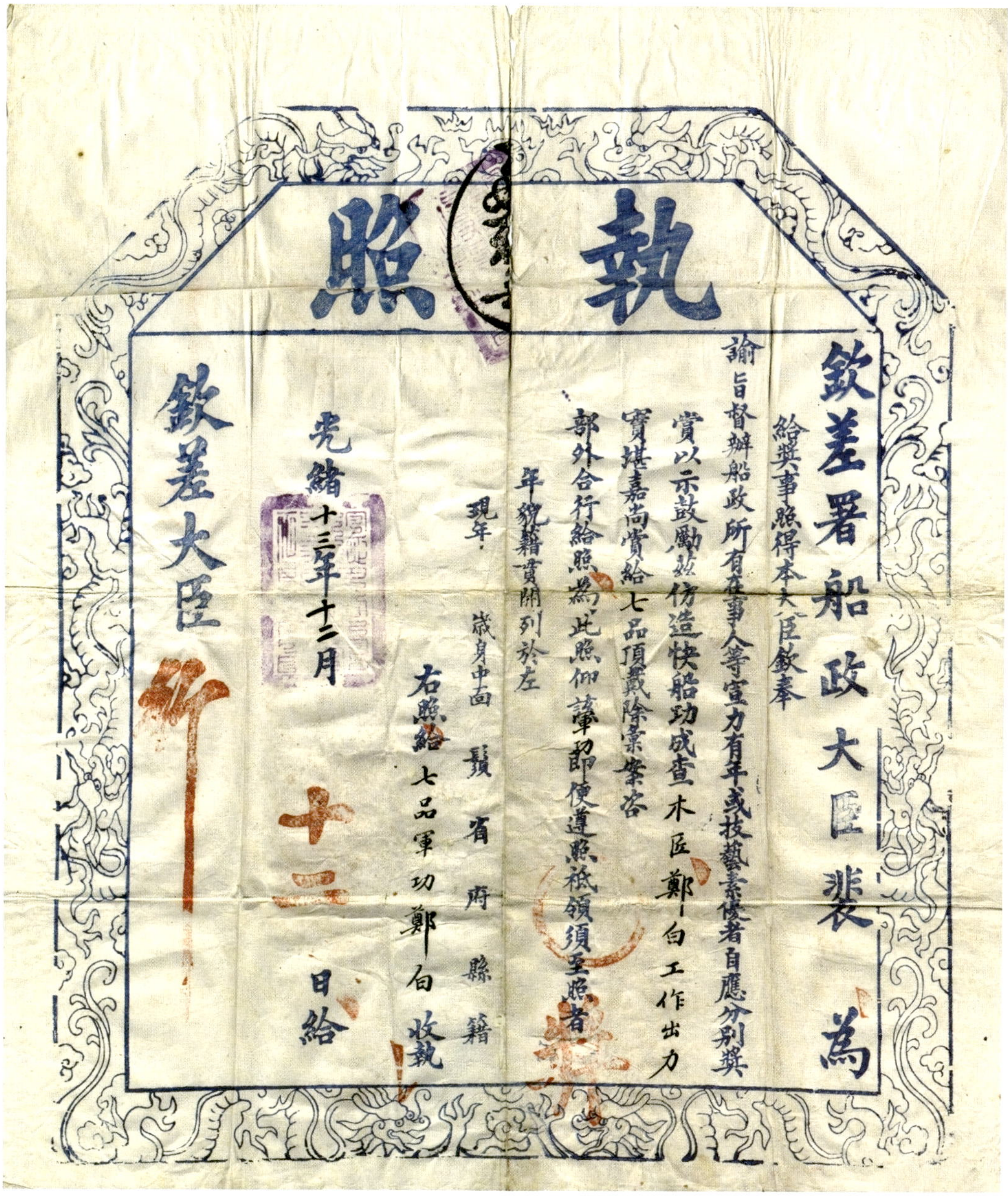

執照

欽差署船政大臣裴 為

給獎事照得本大臣欽奉

諭旨督辦船政所有在事人等宣力有年或技藝素優者自應分別獎

賞以示鼓勵茲仿造快船功成查木匠鄭白工作出力

實堪嘉尚賞給七品頂戴除彙案咨

部外合行給照為此照仰該匠即便遵照祗領須至照者

年貌籍貫開列於左

現年 歲身中面 鬚 省 府 縣 籍

右照給七品軍功鄭白收執

光緒十三年十二月 日給

欽差大臣

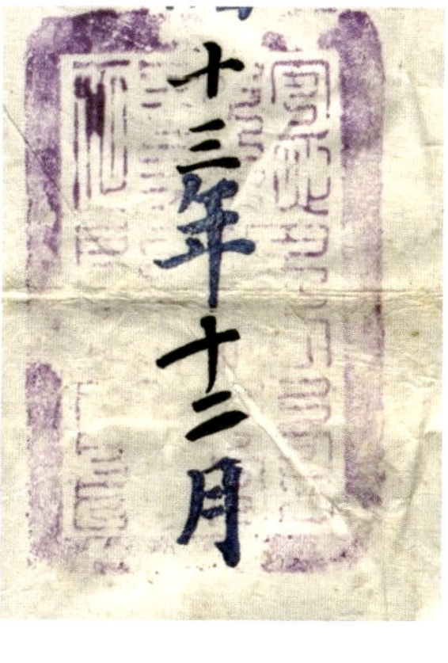


**清船政木匠郑白功牌**

年代：1887 年

尺寸：纵 62 厘米，横 52.5 厘米

来源：郑贞仁捐赠

郑白，福建福州人，船政木匠。1887 年，船政大臣裴荫森奏请奖励的 100 多名船政人员中，有船政官员和船政教育系统培养出的技术人员，除此之外还有一线工匠，显示了船政对于工匠的重视。

**陈兆锵**

陈兆锵（1862—1953），字铿臣，福建福州人，船政后学堂管轮班第二届毕业生，后任“定远”舰大管轮，参加过中日甲午战争。民国时期历任海军江南造船所所长、福州船政局局长等职，政绩卓著。

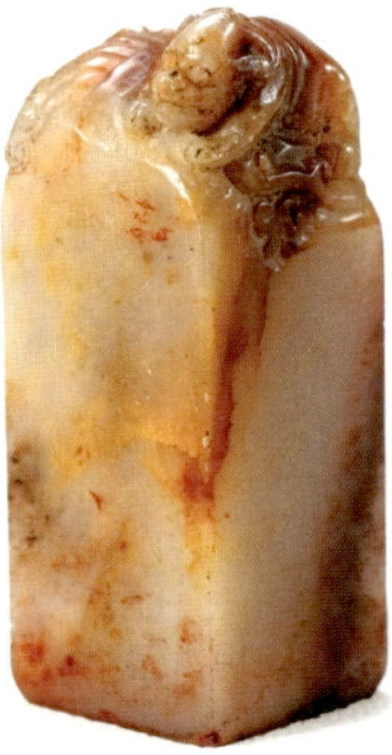

船政后学堂管轮班毕业生陈兆锵“曾经沧海”印章

年代：民国

尺寸：长 2.1 厘米，宽 2.1 厘米，高 5.3 厘米

来源：林瑞捐赠

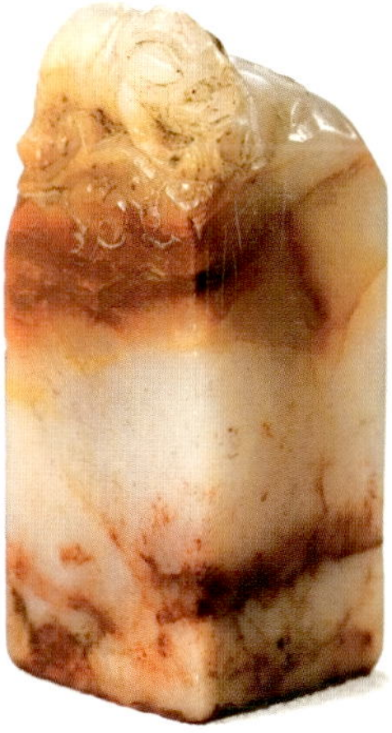

陈兆锵“陈兆锵印”印章

年代：民国

尺寸：长 2 厘米，宽 2 厘米，高 5.2 厘米

来源：林瑞捐赠

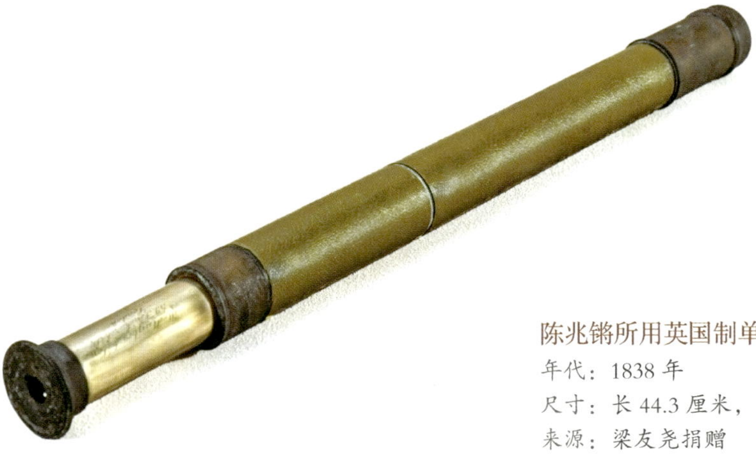

陈兆锵所用英国制单筒望远镜

年代：1838 年

尺寸：长 44.3 厘米，直径 4 厘米

来源：梁友尧捐赠

陈兆锵所用放大镜
年代：民国
尺寸：长 8.5 厘米，镜面直径 3 厘米
来源：陈榕捐赠

陈兆锵所用台虎钳
年代：民国
尺寸：长 19.5 厘米，宽 16 厘米，高 8.3 厘米
来源：林瑞捐赠

绘事院（右侧二层建筑二楼）

始建于1867年，又称绘事画馆、画楼等，位于合拢厂楼上，是船政的工业设计部门，负责舰船以及各种机器的深化设计、制图等工作，同时还培训专业制图人员。民国时期更名为海军图算所。绘事院是船政开启近代中国新式教育历史的重要实证建筑。1986年被辟为马尾造船厂厂史陈列馆。2001年其所在的福建船政建筑入选第五批全国重点文物保护单位。2019年经修缮，作为自身历史展馆。2020年12月作为福建船政核心物项入选第四批国家工业遗产。

## 轮机车间

始建于1867年，由法国工程师设计，呈现明显的欧洲近代厂房风格，是砖石铁木合构建筑。该车间是船政制造船用蒸汽机的车间，1871年中国第一台船用蒸汽机在车间内成功制造，标志着船政对工业核心科技的掌握。抗日战争期间，轮机厂南侧毁于战火，仅存北侧厂房，是中国现存最古老的民族工业厂房。2001年其所在的福建船政建筑入选第五批全国重点文物保护单位。2020年12月作为福建船政核心物项入选第四批国家工业遗产。

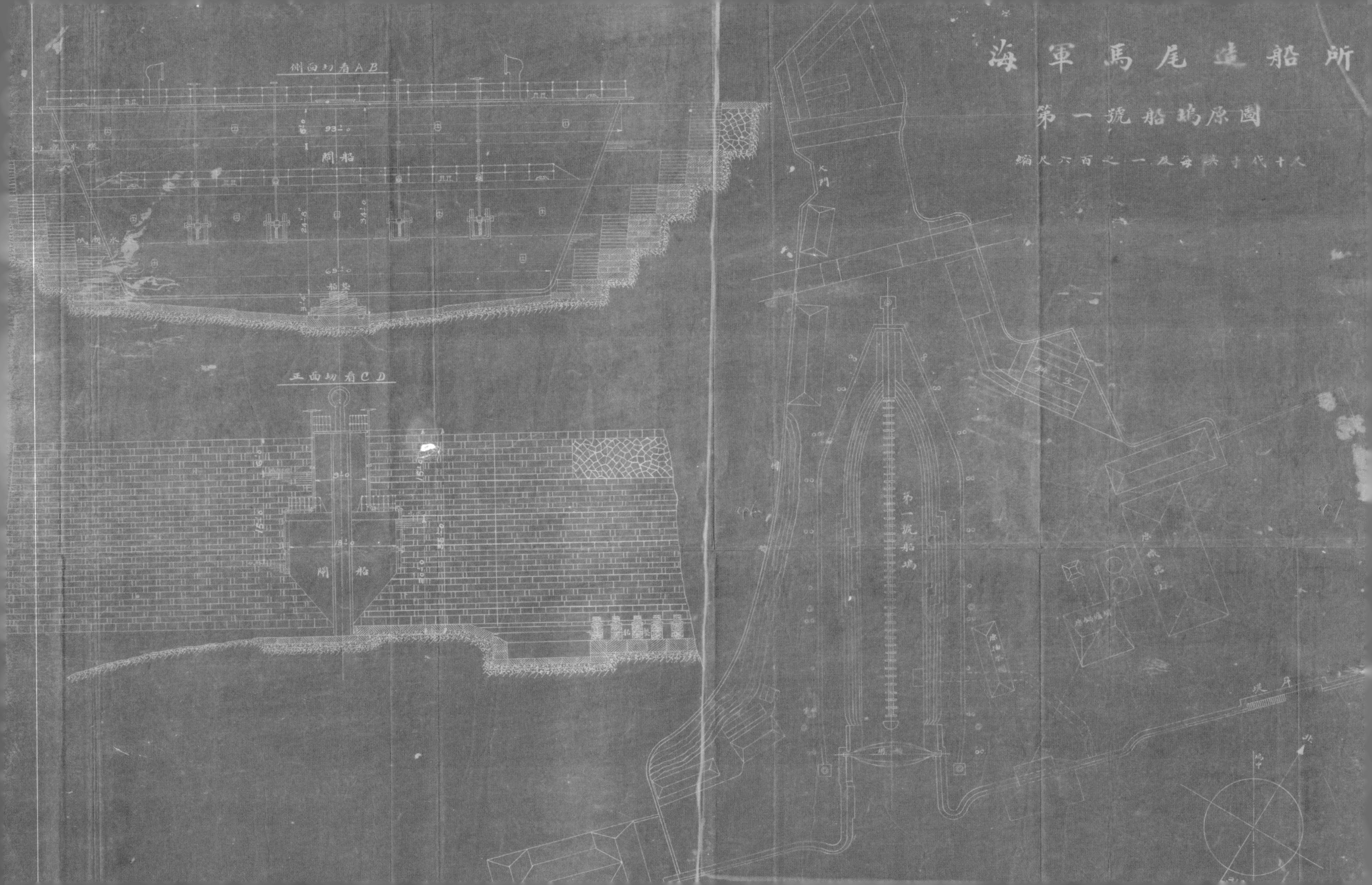

海軍馬尾造船所
第一號船塢原圖
側面切看AB
閘船
正面切看CD
閘船
第一號船塢
大門

一号船坞旧貌

修缮后的一号船坞

又称青洲石船坞、新船坞。1886年，船政大臣裴荫森计划"依照洋式"建造船坞，供南北舰船维修，1896年竣工。船坞全用花岗石砌成，长128米，宽33.53米，深9.3米，坞口设有水闸。一号船坞及其周围设施包括抽水厂、机器厂、官厅、丁役房、水手房、木料房、机房等建筑，占地约3.26万平方米，共耗资49万两银圆。1949年后该船坞荒废，2000年进行修缮。2001年其所在的福建船政建筑入选第五批全国重点文物保护单位。2020年12月作为福建船政核心物项入选第四批国家工业遗产。

# 福州船政局
# 二號船隖舊址圖

尺寸五百分之一

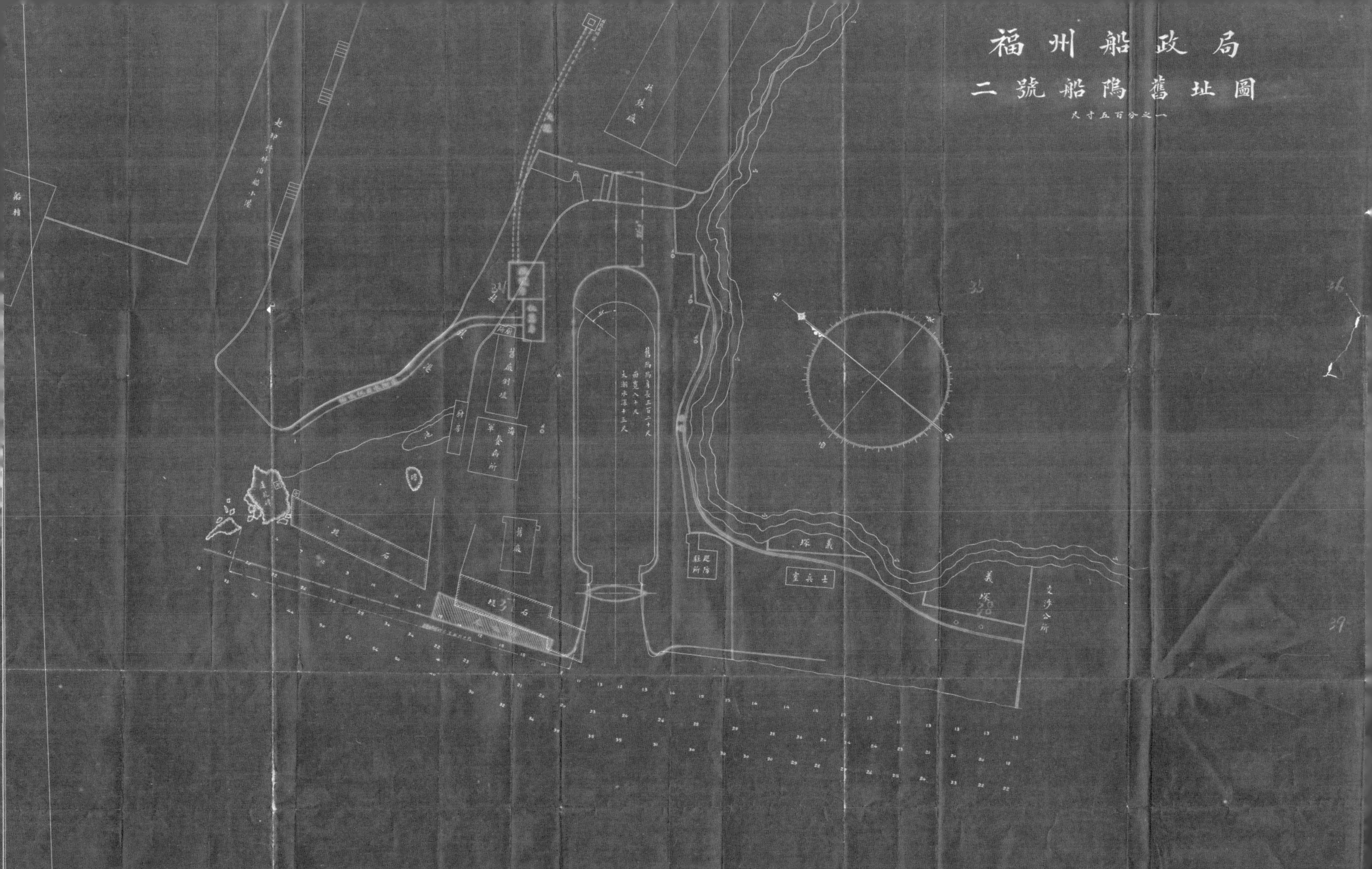

二号船坞旧貌

修缮后的二号船坞

原为英商天裕船坞，后转卖给美商。1914年船政局购得。1933年至1936年扩建，命名为二号船坞。中华人民共和国成立后，二号船坞逐步修复，可修造两三千吨级船舶。1993年进行改造，改造扩建后的新船坞长155米，内宽26米，坞深10米，可容纳两万吨级船舶入坞修理，也可为新造轮船提供坞内舾装。

## 铁胁厂

原为船政铁工车间，1876年改为铁胁厂，生产舰船用肋骨、龙骨等大型钢构件，是船政造船从木船向金属船转变的标志。1918年船政开创海军飞机制造机构，本车间作为飞机制造厂。1958年马尾造船厂成立后，这里曾长期用作铸锻车间、冷作车间。建筑原为木构，1898年改建为钢构架厂房，结构留存至今，具有较高历史价值。2020年12月作为福建船政核心物项入选第四批国家工业遗产。

钟

为方便员工观看钟点，1926年福州船政局组织施工建造一座钟次年完工。钟楼具有浓郁的法兰西风格，共五层，通高18.2米第五层四面墙上各镶嵌一个圆形大时钟，现存圆窗。楼顶八角安装南北指向标和风向标。1939年被日机多次轰炸，钟楼受损机械钟被毁，1984年经修缮，钟楼基本恢复原貌，未安装时钟2001年其所在的福建船政建筑入选第五批全国重点文物保护位。2020年12月作为福建船政核心物项入选第四批国家工业遗

北
南
领
生

轮机车间旧貌

船政制造的蒸汽机

蒸汽机是舰船的核心。1871 年，船政成功自制第一台 150 马力船用蒸汽机，这是近代中国工业史上划时代的里程碑。图为 1872 年船政制造的蒸汽机。

## 清“通济”舰舵轮

年代：1894 年
尺寸：直径 109.5 厘米，厚 7 厘米
来源：征集

1894 年船政制造的“通济”舰舵轮，中间刻有“通济舰”“大清光绪廿年”字样（后加铃“福州船政局”）。“通济”舰原名“建靖”，于 1894 年 1 月 14 日开工，1895 年 4 月 12 日下水；由船政学生魏瀚、陈兆翱、郑清濂、杨廉臣、李寿田监造。1895 年 11 月，被北洋水师购买作为练习船，更名为“通济”。1937 年 8 月 12 日，“通济”舰被作为阻塞船自沉于江阴封锁线。1962 年 5 月被打捞拆解。“通济”舰舵轮是中国海军自强的实物见证，弥足珍贵。

## 清“永保”舰消防水枪

年代：1872 年
尺寸：长 138 厘米，直径 5.5 厘米
来源：林永和捐赠

“永保”舰是船政制造的第一艘专用运输舰，1872 年 10 月 23 日开工，1873 年 8 月 10 日下水，担负闽台之间运输任务。1884 年 8 月 23 日中法马江海战中，中弹起火烧毁。

舰用消防水枪也称“唧筒”，以青铜为主要材质。使用时将水枪尾端放置于水缸中，提上套筒，通过抽拉，将水吸入内腔，再经过挤压套筒，将内腔中的水挤上去，水即从喷口处射出，从而达到灭火的目的。消防水枪的喷水射程可达 20 米，相当于 6—7 层楼的高度。

清“永保”舰盥洗盆
年代：1872 年
尺寸：长 42 厘米，宽 42 厘米
来源：林永和捐赠

船政用舰炮（从左至右）

阿姆斯特朗舰炮，英国阿姆斯特朗公司于19世纪70年代初生产，属于后膛舰炮，口径120毫米，40磅弹，炮重3 970磅，是船政军舰曾经装备过的实物。

瓦瓦苏尔舰炮，英国瓦瓦苏尔公司于1873年生产，属于后膛舰炮，口径140毫米，40磅弹，是船政军舰曾经装备过的实物。

阿姆斯特朗舰炮，英国阿姆斯特朗公司于19世纪70年代初生产，属于后膛舰炮，口径120毫米，40磅弹，炮重3 963磅，是船政军舰曾经装备过的实物。

克虏伯舰炮，普鲁士克虏伯公司于19世纪70年代初生产，属于后膛舰炮，口径120毫米，采用瓦仑多夫双炮闩设计，是船政军舰曾经装备过的实物。

克虏伯舰炮，普鲁士克虏伯公司于19世纪70年代初生产，属于后膛舰炮，口径120毫米，采用瓦仑多夫双炮闩设计，是船政军舰曾经装备过的实物。

铅壳开花弹
年代：1887 年
尺寸：长 25 厘米，直径 11.8 厘米
来源：征集

前装线膛炮开花弹
年代：1887 年
尺寸：长 23.5 厘米，直径 12 厘米
来源：征集

开花弹
年代：1874 年
尺寸：长 52 厘米，直径 15 厘米
来源：征集

## 二、船政舰船

船政造船在晚清更新换代三次，也称三个阶段。它紧随世界技术潮流，仅仅用近 20 年时间就实现了近代中国造船技术从木壳到铁肋再到钢质的材质上的迭代升级，舰型从炮舰、巡洋舰、鱼雷舰到钢甲舰不断更新进步，创造出中国船舶制造领域内的多个“第一”，在中国近代史上留下了浓墨重彩的一页。

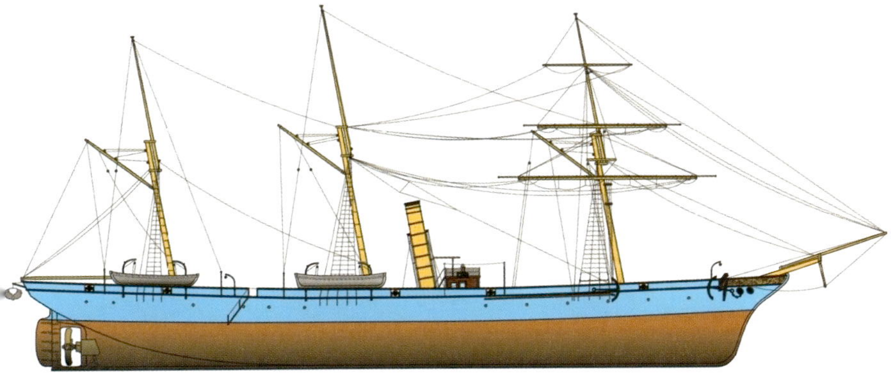

第一阶段：木船时期（1869—1875）
以法国工程师监造为主

第二阶段：合构时期（1876—1886）
以中国工程师监造为主

第三阶段：钢船时期（1887—1907）
主要由中国工程师监造，
部分由法国工程师监造

中国船政文化博物馆内陈列的舰船模型

**第一艘国产千吨级军舰——“万年清”**

舰　　型：炮舰
材　　质：木胁木壳
开工时间：1868 年 1 月 18 日
下水时间：1869 年 6 月 10 日
排 水 量：1 450 吨
航　　速：12 节
主尺度信息：全长 76.16 米，宽 8.9 米，舰尾吃水 4.64 米
武　　器：6 门火炮

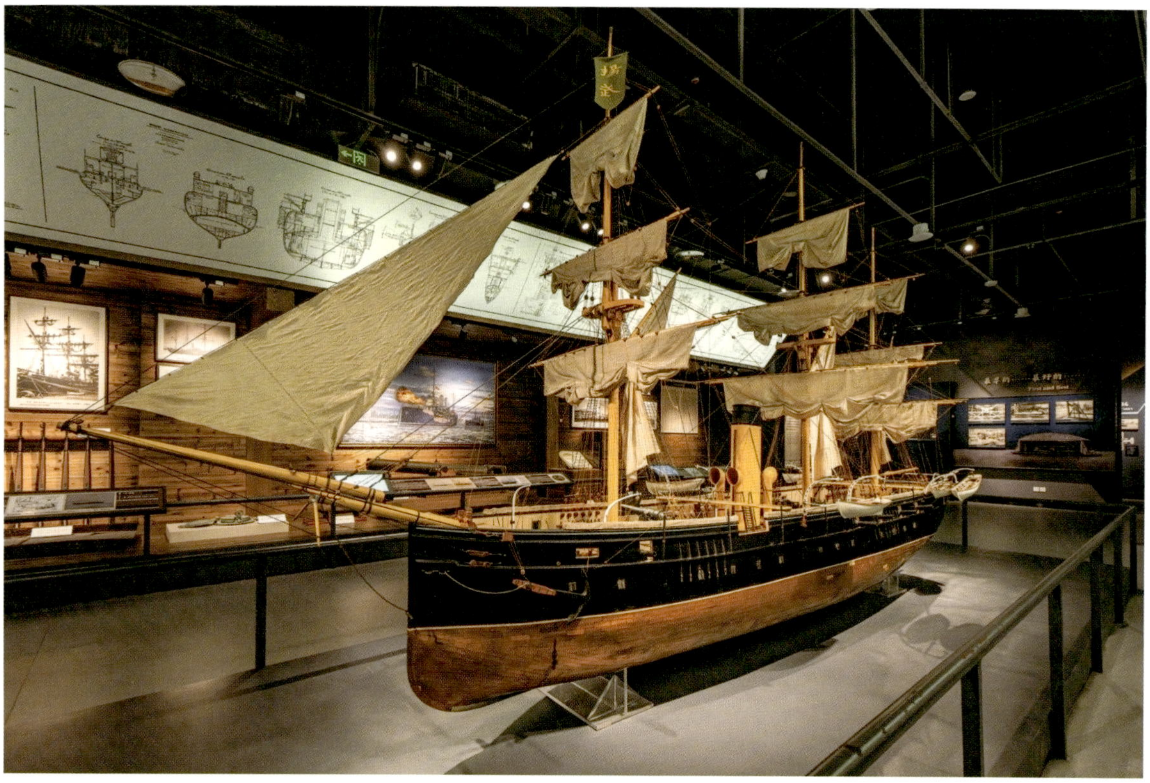
中国船政文化博物馆中陈列的“扬武”舰模型

第一艘国产巡洋军舰——“扬武”

舰　　型：巡洋舰
材　　质：木肋木壳
开工时间：1871 年 7 月 12 日
下水时间：1872 年 4 月 23 日
排 水 量：1 560 吨
航　　速：12 节
主尺度信息：全长 60.8 米，宽 11.52 米，舰尾吃水 5.12 米
武　　器：1 门 190 毫米口径主炮
10 门 160 毫米口径副炮
2 门 100 毫米口径副炮

第一艘自主设计制造的军舰——“艺新”

舰　　型：炮舰
材　　质：木肋木壳
开工时间：1875 年 6 月 4 日
下水时间：1876 年 3 月 28 日
排 水 量：245 吨
航　　速：10 节
主尺度信息：长 38 米，宽 5.44 米，吃水 2.43 米
武　　器：1 门 20 磅弹主炮
2 门 9 磅弹副炮
2 门 6 磅弹副炮

第一艘国产铁胁木壳军舰——“威远”
舰　　型：炮舰
材　　质：铁胁木壳
开工时间：1876 年 9 月 2 日
下水时间：1877 年 5 月 15 日
排 水 量：1 268 吨
航　　速：12 节
主尺度信息：长 69.47 米，宽 9.95 米，舰尾吃水 5.08 米
武　　器：1 门 7 英寸口径主炮
6 门 4.7 英寸口径副炮

第一艘国产全金属军舰——“开济”

舰　　型：巡洋舰
材　　质：铁肋铁壳
开工时间：1881 年 11 月 9 日
下水时间：1883 年 1 月 11 日
排 水 量：2 200 吨
航　　速：16 节
主尺度信息：长 83 米，宽 11.5 米，吃水 5.44 米
武　　器：2 门 210 毫米口径主炮
8 门 120 毫米口径副炮

中国船政文化博物馆中陈列的“平远”舰模型

第一艘国产钢甲军舰——“平远”

舰　　型：装甲舰
材　　质：钢肋钢壳
开工时间：1886 年 12 月 7 日
下水时间：1888 年 1 月 29 日
排 水 量：2 100 吨
航　　速：10.5 节
主尺度信息：长 83 米，宽 11.5 米，舰尾吃水 5.44 米
武　　器：1 门 260 毫米口径主炮
2 门 150 毫米口径副炮
8 门机关炮

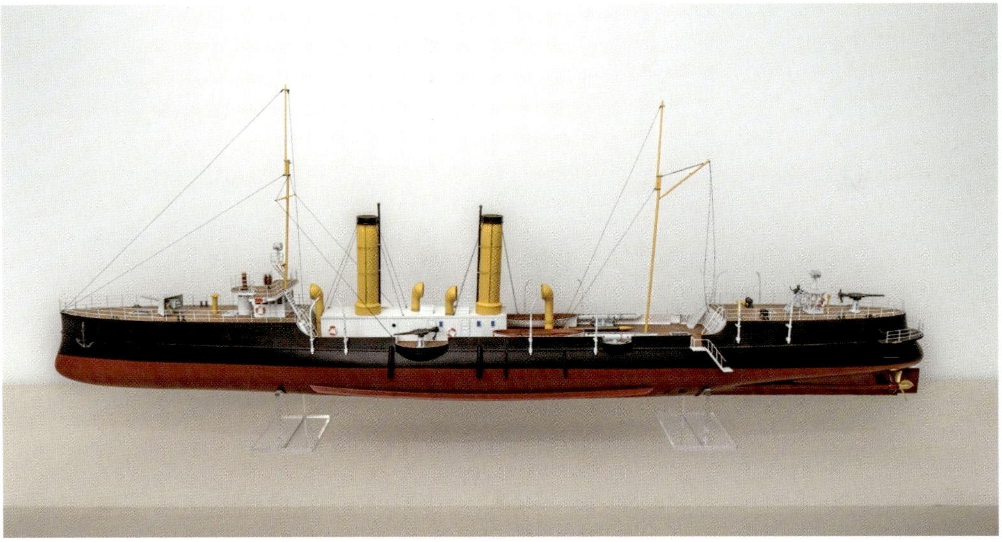

中国船政文化博物馆中陈列的“建威”舰模型

第一艘国产全面电照明军舰——“建威”

舰　　型：鱼雷巡洋舰
材　　质：钢胁钢壳
开工时间：1898 年 4 月 7 日
下水时间：1899 年 1 月 29 日
排 水 量：830 吨
航　　速：23 节
主尺度信息：长 78.58 米，宽 8.1 米，舰尾吃水 3.3 米
武　　器：1 门 100 毫米口径主炮
3 门 65 毫米口径副炮
6 门机关炮
2 具鱼雷发射管

中国船政文化博物馆中陈列的“宁绍”舰模型

### 第一艘国产大型商船——“宁绍”

舰　　型：客货船
材　　质：钢肋钢壳
下水时间：1905 年 10 月 30 日
排 水 量：3 160 吨
航　　速：15 节
主尺度信息：长 86.2 米，宽 13.18 米，吃水 3.25 米

| 船政建造舰船 | | | | | |
|---|---|---|---|---|---|
| 序号 | 材质 | 名称 | 译名 | 下水时间 | 排水量 |
| 1 | 木胁木壳 | 万年清 | Wan Nien Ching | 1869.06.10 | 1450 吨 |
| 2 | 木胁木壳 | 湄云 | Mei Yuen | 1869.12.06 | 515 吨 |
| 3 | 木胁木壳 | 福星 | Foo Hsing | 1870.05.30 | 515 吨 |
| 4 | 木胁木壳 | 伏波 | Fu Po | 1870.12.22 | 1258 吨 |
| 5 | 木胁木壳 | 安澜 | An Lan | 1871.06.18 | 1258 吨 |
| 6 | 木胁木壳 | 镇海 | Chen Hai | 1871.11.28 | 572 吨 |
| 7 | 木胁木壳 | 扬武 | Yang Wu | 1872.04.23 | 1560 吨 |
| 8 | 木胁木壳 | 飞云 | Fei Yun | 1872.06.03 | 1258 吨 |
| 9 | 木胁木壳 | 靖远 | Ching Yuen | 1872.08.21 | 572 吨 |
| 10 | 木胁木壳 | 振威 | Chen Wei | 1872.12.11 | 572 吨 |
| 11 | 木胁木壳 | 济安 | Chi An | 1873.01.02 | 1258 吨 |
| 12 | 木胁木壳 | 永保 | Yung Pao | 1873.08.10 | 1353 吨 |
| 13 | 木胁木壳 | 海镜 | Hai Ching | 1873.11.08 | 1353 吨 |
| 14 | 木胁木壳 | 琛航 | Chen Hang | 1874 年初 | 1353 吨 |
| 15 | 木胁木壳 | 祥麟 | Hsiang Lin | 1874 年初 | 不详 |
| 16 | 木胁木壳 | 大雅 | Ta Ya | 1874.05.16 | 1353 吨 |
| 17 | 木胁木壳 | 元凯 | Yuan Kai | 1875.06.04 | 1258 吨 |
| 18 | 木胁木壳 | 艺新 | Yi Hsing | 1876.03.28 | 245 吨 |
| 19 | 木胁木壳 | 登瀛洲 | Teng Ying Chow | 1876.06.23 | 1258 吨 |
| 20 | 木胁木壳 | 泰安 | Tai An | 1876.11.27 | 1258 吨 |
| 21 | 铁胁木壳 | 威远 | Wei Yuen | 1877.05.15 | 1268 吨 |
| 22 | 铁胁木壳 | 超武 | Chao Wu | 1878.06.19 | 1268 吨 |
| 23 | 铁胁木壳 | 康济 | Kang Chi | 1879.07.20 | 1268 吨 |
| 24 | 铁胁木壳 | 澄庆 | Teng Ching | 1880.10.22 | 1268 吨 |

续表

| 船政建造舰船 | | | | | |
|---|---|---|---|---|---|
| 序号 | 材质 | 名称 | 译名 | 下水时间 | 排水量 |
| 25 | 铁肋铁壳 | 开济 | Kai Chi | 1883.01.11 | 2200 吨 |
| 26 | 铁肋木壳 | 横海 | Heng Hai | 1884.12.18 | 1268 吨 |
| 27 | 铁肋铁壳 | 镜清 | Chin Ching | 1885.12.23 | 2200 吨 |
| 28 | 铁肋铁壳 | 寰泰 | Wan Tai | 1886.08.30 | 2200 吨 |
| 29 | 铁肋木壳 | 广甲 | Kuang Chia | 1887.08.06 | 1300 吨 |
| 30 | 钢肋钢壳 | 龙威 / 平远 | Lung Wei / Ping Yuen | 1888.01.29 | 2100 吨 |
| 31 | 钢肋钢壳 | 广乙 | Kuang Yi | 1889.08.28 | 1000 吨 |
| 32 | 不详 | 广庚 | Kuang Keng | 1889.05.30 | 320 吨 |
| 33 | 钢肋钢壳 | 广丙 | Kuang Ping | 1891.04.11 | 1000 吨 |
| 34 | 钢肋钢壳 | 福靖 | Foo Ching | 1893.01.20 | 1000 吨 |
| 35 | 钢肋钢壳 | 通济 | Tung Chi | 1895.04.12 | 1900 吨 |
| 36 | 钢肋钢壳 | 福安 | Foo An | 1897.04.19 | 1800 吨 |
| 37 | 钢肋钢壳 | 吉云 | Chi Yun | 1898 年 | 135 吨 |
| 38 | 钢肋钢壳 | 建威 / 自强 | Chien Wei / Tze Chiang | 1899.01.29 | 830 吨 |
| 39 | 钢肋钢壳 | 建安 / 大同 | Chien An / Ta Tong | 1900.03.03 | 830 吨 |
| 40 | 钢肋钢壳 | 建翼 | Chien Yi | 不详 | 50 吨 |
| 41 | 钢肋钢壳 | 安海 | An Hai | 1901.01.25 | 65 吨 |
| 42 | 钢肋钢壳 | 定海 | Ting Hai | 1902 年夏季 | 不详 |
| 43 | 不详 | 宝璧 | Bao Bi | 1902 年 | 550 吨 |
| 44 | 钢肋钢壳 | 济川 | Chi Chuan | 1902 年 | 不详 |
| 45 | 钢肋钢壳 | 祥云 | Hsiang Yun | 1902 年 | 不详 |
| 46 | 钢肋钢壳 | 宁绍 | Ning Shao | 1905.10.30 | 3160 吨 |
| 47 | 钢肋钢壳 | 海鸿 | Hai Hung | 1917 年 | 190 吨 |
| 48 | 钢肋钢壳 | 海鹄 | Hai Hu | 1918 年 | 190 吨 |

## 三、首创航空

第一次世界大战后，中国海军将发展航空作为加强海防实力的捷径，决心建设海军的航空事业。1918 年，在福州船政局内增设飞机制造工程处，自行研发飞机，全面开启了中国航空工业的历史。

- 1918 年：福州船政局内附设飞机制造工程处
- 1923 年：飞机制造工程处由海军总司令公署管辖，福州船政局兼管，更名为海军制造飞机处
- 1931 年：海军制造飞机处迁至海军江南造船所内
- 1937 年：海军制造飞机处内迁湖南衡阳、湖北宜昌、四川成都，改为航空委员会第八飞机修理厂
- 1942 年：第八飞机修理厂制造部门独立为空军第三飞机制造厂
- 1946 年：空军第三飞机制造厂迁至台湾台中，1954 年撤销

中华人民共和国成立后，98 名船政高航学校毕业生在 1952 年被分配到航空工业部、沈阳飞机制造厂、哈尔滨飞机制造厂、南昌飞机制造厂等单位，部分又支援到成都飞机制造厂、西安飞机制造厂、贵州飞机制造厂、汉中飞机制造厂等单位，加入新中国的航空事业中。

马江海军制造飞机处

水上飞机浮站

1922 年，巴玉藻、王助设计制造了世界海军史上第一艘浮动机库。飞机浮站分为坞身、棚厂两个部分。其中的坞身类似于船体，主体是两艘长 18.89 米、宽 1.5 米、高 1.5 米的船型浮箱，每艘浮箱内分隔为 5 个水密舱，用作压载水柜、燃油柜、零件仓库、人员宿舍等。飞机浮站不仅可以为水上飞机遮蔽风浪，提供维修保障，必要时，甚至可以带着水上飞机一起由舰船拖航。

## 巴玉藻

巴玉藻（1892—1929），字蕴华，蒙古族，出生于江苏镇江京口旗营，江南水师学堂毕业生。1909年赴英国留学，后转赴美国学习航空，获麻省理工学院航空工程硕士学位，曾任美国寇蒂斯公司、通用公司工程师。1917年回国，后担任飞机制造工程处主任，主持国产飞机事业，是近代中国航空工业的创始人之一。1929年英年早逝。

## 王助

王助（1893—1965），字禹朋，祖籍河北南宫，出生于北京，烟台水师学堂毕业生。1909年赴英国留学，后转赴美国学习航空，获麻省理工学院航空工程硕士学位，是太平洋航空制品公司（后更名为波音公司）首任航空工程师。1917年回国，历任飞机制造工程处副主任、航空研究院副院长、台湾成功大学机械系教授等职。

## 曾诒经

曾诒经（1887—1960），字稔畬，福建福州人，烟台水师学堂毕业生。1909年赴英国留学，后转赴美国学习航空，在寇蒂斯公司从事航空动力学方面的实习。1917年回国后，历任飞机制造工程处副主任、航空委员会第八飞机修理厂厂长等职，是近代中国著名的航空发动机专家，中华人民共和国成立后被中国人民解放军海军司令部聘为海军研究委员会委员。

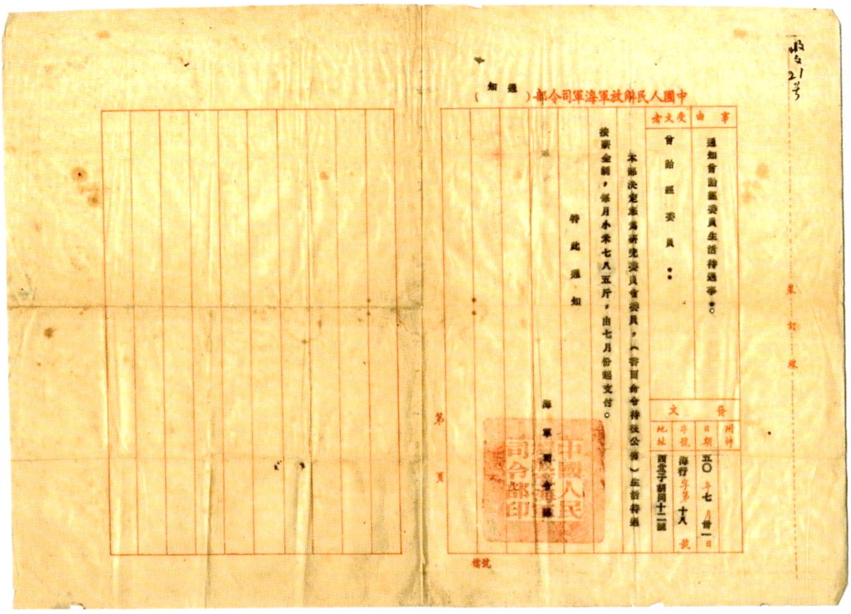

中國人民解放軍海軍司令部（通知）

事由：通知曾詒經委員生活待遇事。

受文者：曾詒經委員：

本部決定派為研究委員會委員，（曾面命令特秘公佈）其生活待遇按薪金制，每月小米七八五斤，由七月份起支付。

特此通知

海軍司令部

發文：日期 五〇年七月卅一日；字號 海行字第十八號；地址 西堂子胡同十二號

曾诒经生活待遇通知

年代：1950 年

尺寸：纵 30 厘米，横 42 厘米

来源：曾和铮捐赠

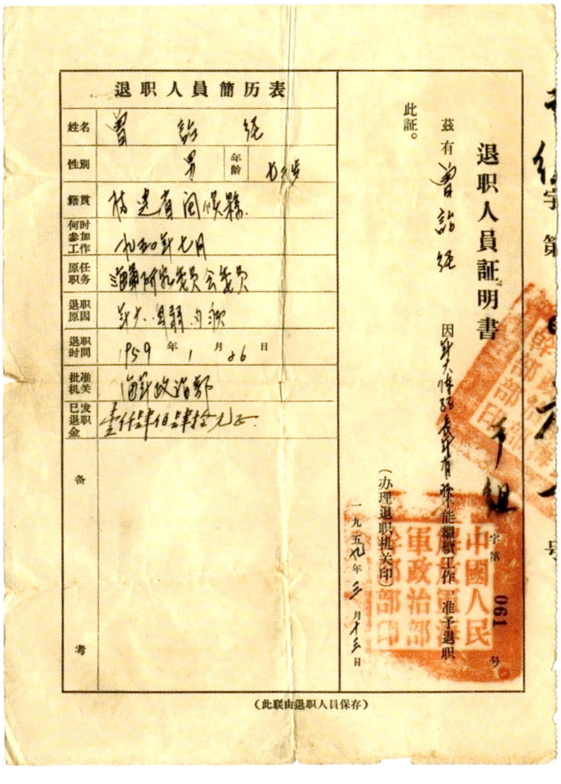

退职人員簡历表

| | |
|---|---|
| 姓名 | 曾詒經 |
| 性别 | 男　年龄 [illegible] |
| 籍貫 | 福建省閩侯縣 |
| 何时参加工作 | [illegible]年七月 |
| 原任职务 | 海軍研究委員会委員 |
| 退职原因 | 年大、体弱、有病 |
| 退职时间 | 1959 年 1 月 26 日 |
| 批准机关 | 海軍政治部 |
| 已发退职金 | [illegible] |
| 备考 | |

（此联由退职人員保存）

退職人員証明書

字第 061 号

茲有曾詒經因年大体弱長年有病不能繼續工作准予退職

此証。

（办理退職机关印）

一九五九年三月十三日

曾诒经退职证明

年代：1959 年

尺寸：纵 24 厘米，横 18 厘米

来源：曾和铮捐赠

“丙型一号”水上轰炸机

**俄籍飞行员萨芬诺夫墓盖石**

年代：民国

尺寸：长 210 厘米，宽 84 厘米，厚 16 厘米

来源：马江海战纪念馆藏

1923 年，海军总司令部在福州船政局内设立航空教练所，聘用俄籍飞行员米哈伊尔·萨芬诺夫为飞行教官。1924 年，“丙型一号”飞机制成，由萨芬诺夫与学员黄友士试飞，试飞过程中飞机滑行航速过快，导致水浪打入机身后部，飞机失衡坠毁，萨芬诺夫遇难。

《科学画报》
年代：1933 年
尺寸：纵 28.5 厘米，横 21.9 厘米
来源：征集

《科学画报》是一本综合性科普期刊，很多著名学者、教授甚至科学家在青少年时期都曾受到它的熏陶和启发。这本《科学画报》刊载了马江海军制造飞机处副主任曾诒经撰写的《国产飞机》一文，图文并茂地介绍了海军制造飞机处的设备和实地制造飞机的方法。

機係另一新設計，配寧海軍艦偵探之用。要敍製造之經過，須從選擇材料，設計及構造方法講起。顧民國七年以前國內既無自製飛機之舉，又無工程材料之試驗，關於適用之國產材料無從參考。按工程應用物品，尤其是在飛機上，對於使用各項材料若無科學知識，不但難以收効，且極危險。所以當開辦之初，即從事調查，搜集并試驗國產材料。主要材料除特別鋼鋁必須購自外洋外，其餘如木材，油漆，布則盡量採用國內之出產。計彙集木料十餘種，製成標本，按法試驗其各種內勁和物理性。內勁如拉力，順紋壓力，横紋壓力，剪截力，抗彎力。物理性如密度，濕度及比重。經詳確考驗之後，適用於製造飛機者，得有四種，即杉木，樟木，白梨木及白蔴栗木。惟杉木與歐美之白銀松性質相埒，選用以造機身，機翼，尾翼及機桴(Float)之骨幹。白蔴栗質近柔韌易於折彎，為機桴與飛船之龍骨以及有曲線之部份，最爲適宜。樟木及白梨木其紋細其質堅，用作機身，機桴，飛船之撐角板。木料既經選定，

發動機試驗場

供蒙罩機身，機翼，尾翼之用。先後集得絲綢蔴布二十餘種。經試驗之後，擇其勁强而質輕者二種，即山東繭綢與江西夏布。察繭綢之經緯線較爲一律，故初造兩架飛機，曾選用之。但遇天氣變換，濕氣侵入則失其緊縮性，翼面發現縐紋，飛行時增多阻力而減少其効能，且售價較通用愛爾蘭蔴布爲昂，故以後仍沿用愛爾蘭蔴布，以適應科學與經濟之原則。中國出產絲蔴，若加悉心研究，施以化學治法，講究織造，將來布料可無須仰給於外國。桐油與生漆乃天賦中國無上之寶品。本處用之多年，覺其倍勝於舶來之油漆。桐油和以易乾劑，重經製煉，用以髹刷木質部份，防護潮濕浸透而有伸縮之變

改用杉木重造『摩斯』式飛機及桴(側面)

合龠廠



刊载曾诒经撰写的《国产飞机》一文的《科学画报》内页

# 國產飛機

▲海軍製造飛機處之設備

▲實地製造飛機之方法

曾詒經

飛機爲近代交通及國防的利器，各國科學家工程師以及一般民衆莫不竭全力以謀發展。我國近年來亦漸知其重要，不惜以數千萬銀錢輸往外國購買飛機。維專購外機而不圖自造，不特利源外溢，依賴外人，且不免受外人箝制。吾國不乏研究飛機之人，亦不少製造之材料，所缺乏者經濟耳。倘能將此巨款投諸自造飛機廠，其造就成功必有可觀。讀是篇所述，於經濟困難中尤有不少成功，倘能予以充分供應，成功自無限量。爰將是篇介紹於讀者，願國人移購買之方針轉向於自造之一途，獨立自強庶幾可耳。編者識

海軍製造飛機處由曾充美國各航空工廠工程師巴玉藻，王孝豐，王助及曾詒經等組織，創辦於民國七年春間，附設於馬尾船政局，開始試造水上教練飛機。但該局原有機械均屬粗笨陳舊，又非製造飛機之機械，所以工程多半倚賴手工。「甲」式教練機完成兩架之後，其飛行効能實不亞於當時歐美所出之飛機。因擬定初步擴充廠場及購置機械之計劃，請款六十餘萬元，以圖多製教練飛機，養成多數航空人才，逐漸進行軍用飛機，自製發動機，以期達到空軍國防之目的。此項計劃雖經北京政府批准，無如國庫空虛，終未實行。在馬尾方面十餘年間，除添建合龕廠一所，飛機棚廠兩座及辦公處一所，其餘機器之設備祇得付之缺如。其間又因經費來源斷絕，曾停頓八閱月之久。然雖處此困難情況之下，每年亦能製成新式飛機兩架。

民國二十年三月間全廠移滬，對於設備及出產量之增進，似乎有多大之期望。江鳳號及江鶴號工程完成之後，當局確有初步擴充之決心。計劃添建廠場一所，內分三座，中座爲合龕廠，同時可合六架飛機。左右邊座爲鐵木工作廠，並加蓋一樓，備各職員集中工作，進行加速。原有之工廠本係海軍材料儲存庫，不適合龕飛機之用，擬改爲機器工作廠，油漆廠，裁縫廠，材料試驗室及材料庫，五金作機器，噴漆器具等等，先行添置，以期每年可出飛機十二架至二十架。於二十年底此項計劃正在進行，建築業已興工。自一二八事起停頓，迄今無法賡續。日復一日，年又一年，設備方面，未有寸進。現在設備概況，祇有工廠一座，內分辦公室繪圖室，木作廠，及機件工作廠。附連其左邊有材料庫及油漆房一所。此外有飛機棚廠兩座，以供貯藏及合龕飛機之用。其兩傍貼兩小間，一爲發動機試驗間，一爲發動機工作間。機器設備，僅有大小車床五架，鑽床二架，鋸木機一架，新近由造船所讓用洗床一架，刨床一架，現正在修理，尚未啓用，氣銲器具尚稱完備，多半工程倚賴鉗床及一切應用之手作工具。似此簡陋之設備，原無足以貢獻之價値，但於製造有聯帶關係而能產出不爽歐美之工程，亦可以表現我國工匠之手藝技巧與細緻。中外專門人士蒞臨該廠參觀者，無不嘖嘖稱善。對於製造方面，尚有一得之貢獻，或許可以引起讀者之興趣。

該處自剏辦迄今，造出飛機凡七式，甲，乙，丙，丁，戊，己，庚。現在進

海軍飛機製造處木工廠

马江海军制造飞机处

“甲型一号”飞机下水

“甲型一号”飞机下水

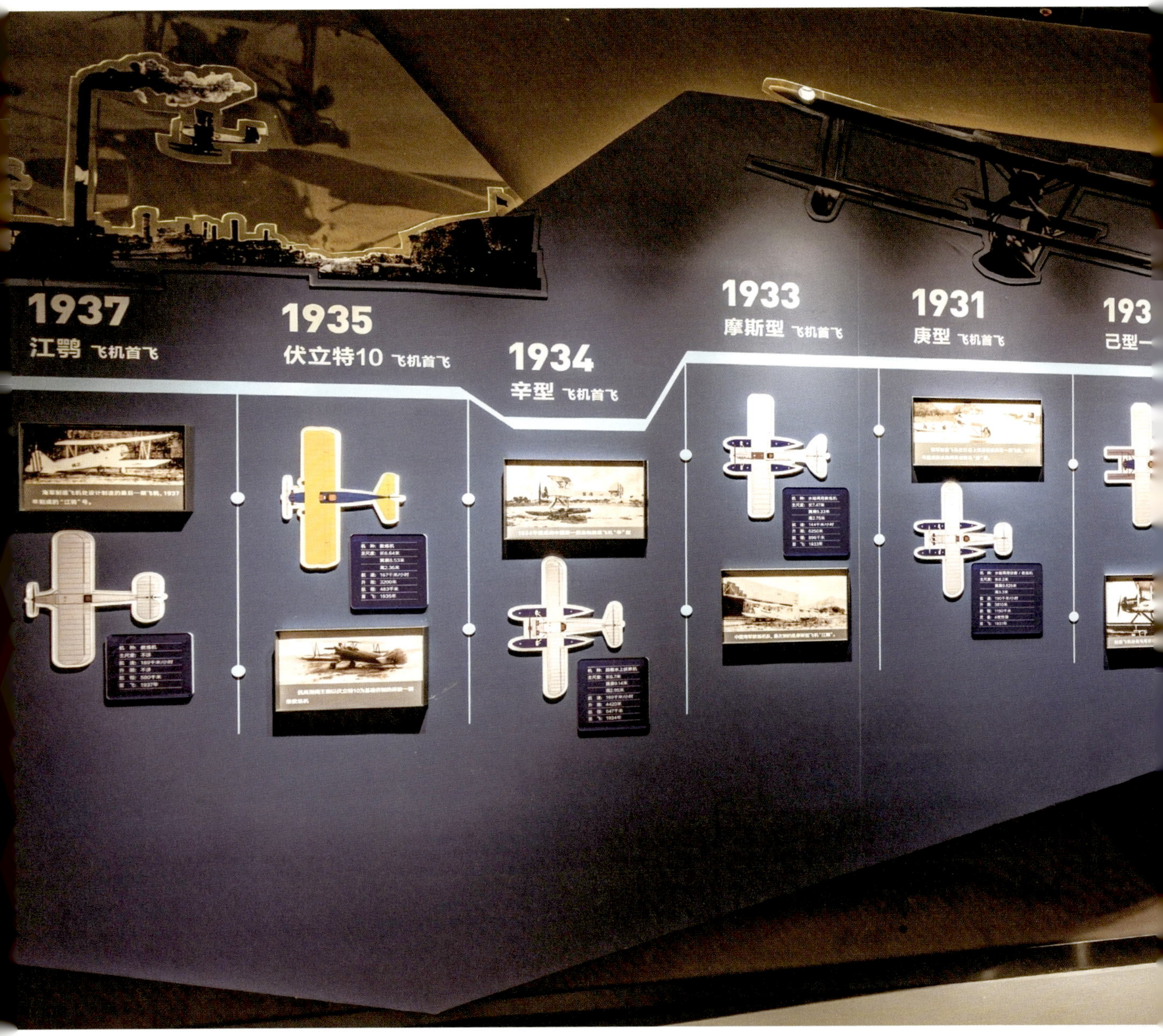


船政飞机制造成果展示

船政紧追世界技术发展潮流，研究、设计具有世界先进水平的机型，不断迭代升级，先后设计、生产了甲、乙、丙、丁、戊、己等多型飞机，涉及教练机、轰炸机等多个机型，飞机研发能力始终保持和世界同步。

1926
新甲型三号 飞机首飞
1924
丙型一号 飞机首飞
1927
戊型一号 飞机首飞
1922
乙型一号 飞机首飞
1919
甲型一号 飞机首飞

| 船政所造飞机 | | | | | | | |
|---|---|---|---|---|---|---|---|
| 首飞年月 | 名称 | 机型 | 翼展 | 航程 | 升限 | 最大时速 | 主要武器 |
| 1919.08 | 甲型一号 | 水上教练 / 侦察 / 轰炸机 | 13.7 m | 340 km | 3 690 m | 126 km/h | 炸弹 ×4 |
| 1920.05 | 甲型二号 | 水上教练 / 侦察 / 轰炸机 | 13.7 m | 340 km | 3 690 m | 126 km/h | 炸弹 ×4 |
| 1921.02 | 甲型三号 | 水上教练 / 侦察 / 轰炸机 | 13.7 m | 340 km | 3 690 m | 126 km/h | 炸弹 ×4 |
| 1922.01 | 乙型一号 | 水上教练 / 侦察 / 轰炸机 | 11.49 m | 360 km | 3 440 m | 130 km/h | 炸弹 ×4 |
| 1924.04 | 丙型一号 | 船型水上轰炸机 | 17.67 m | 850 km | 3 660 m | 165 km/h | 可旋转机枪 ×2<br>炸弹 ×8 |
| 1925.04 | 丙型二号 | 船型水上轰炸机 | 17.67 m | 850 km | 3 660 m | 165 km/h | 可旋转机枪 ×2<br>炸弹 ×8 |
| 1926 | 新甲型三号“江鹳” | 水上教练 / 侦察 / 轰炸机 | 11.5 m | 390 km | 3 600 m | 130 km/h | 炸弹 ×4 |
| 1927.01 | 戊型一号“江凫” | 水上教练 / 侦察机 | 10.8 m | 450 km | 3 970 m | 145 km/h | 炸弹 ×4 |
| 1927.04 | 戊型二号“江鹭” | 水上教练 / 侦察机 | 10.8 m | 500 km | 4 260 m | 165 km/h | 炸弹 ×4 |
| 1927.09 | 戊型三号 | 水上教练 / 侦察机 | 10.8 m | 500 km | 4 260 m | 165 km/h | 炸弹 ×4 |
| 1928.06 | 丁型一号 | 水上轰炸机 | 14.06 m | 900 km | 4 900 m | 177 km/h | 机枪 ×1<br>炸弹 ×8<br>或鱼雷 ×1 |
| 1929.03 | 丁型二号“海雕” | 水上轰炸机 | 14.06 m | 900 km | 4 900 m | 177 km/h | 机枪 ×1<br>炸弹 ×8<br>或鱼雷 ×1 |
| 1930.08 | 己型一号“江鸿” | 水上教练 / 侦察机 | 10.88 m | 1 230 km | 4 800 m | 177 km/h | 炸弹 ×4 |
| 1930.10 | 己型二号“江雁” | 水上教练 / 侦察机 | 10.88 m | 1 230 km | 4 800 m | 177 km/h | 炸弹 ×4 |
| 1931.10 | 庚型“江鹤” | 水陆两用教练 / 侦察机 | 9.828 m | 1 150 km | 3 810 m | 190 km/h | 炸弹 ×4 |
| 1931.10 | 庚型“江凤” | 水陆两用教练 / 侦察机 | 9.828 m | 1 260 km | 4 260 m | 196 km/h | 炸弹 ×4 |
| 1933.12 | 摩斯型“江鹇” | 水陆两用教练机 | 9.33 m | 896 km | 6 250 m | 144 km/h | — |
| 1934.07 | 辛型“宁海附号” | 舰载水上侦察机 | 9.14 m | 547 km | 4 420 m | 169 km/h | — |
| 1934.08 | 摩斯型“江鹏” | 水陆两用教练机 | 9.33 m | 896 km | 6 250 m | 144 km/h | — |
| 1935 | 伏立特 10 | 教练机 | 8.53 m | 483 km | 3 200 m | 167 km/h | — |
| 1935.07 | 摩斯型“江鹦” | 水陆两用教练机 | 9.33 m | 896 km | 6 250 m | 144 km/h | — |
| 1935.07 | 摩斯型“江鹉” | 水陆两用教练机 | 9.33 m | 896 km | 6 250 m | 144 km/h | — |
| 1937.01 | “江鹗” | 教练机 | 不详 | 580 km | 不详 | 169 km/h | — |

雕塑作品呈现的船政工人工作情景

船政培育了中国最早的产业工人，人员主要来自福州、宁波、厦门、香港以及广东地区，鼎盛时期达到 3 000 余人，是当时中国规模最大的受过专门技术培训的产业工人群体。随着船政变迁，大量船政工人外流到各地，在中国近代工业化建设的很多部门都充当了技术骨干。

雕塑作品《船政足为海军根基》

1912 年 4 月下旬，孙中山到访福州船政局，在时任局长沈希南陪同下，一一参观了船政各个车间。参观后，孙中山在船政衙门附近的海军联欢社发表演讲，感慨船政缔造艰难，赞扬船政是中国近代海军的基础。雕塑作品表现的就是这个著名的历史时刻，展现了革命先行者对于建设一支强大海军的期待。

# 船政海军

船政造舰、育人，编练舰队，被誉为中国近代海军的摇篮。肇始于船政的中国近代海军，发展之路艰辛坎坷，爱国之心却始终不渝。他们坚守不惧强敌、坚韧顽强的精神，捍海卫权，牺牲奋斗，拥抱胜利，追求光明，在中华民族向海图强的史诗中留下了波澜壮阔的篇章。

“自强之道——船政历史文化陈列”第五部分“船政海军”入口

# 一、首创舰队

1870 年，清政府下令将自造的军舰编组为舰队。船政根据中国实际并结合西方海军制度，制定了中国近代最早的舰队规章——《轮船营规》和《轮船出洋训练章程》，中国第一支近代化的海军舰队“轮船”由此诞生，标志着中国海上力量从古代向近代的进步。

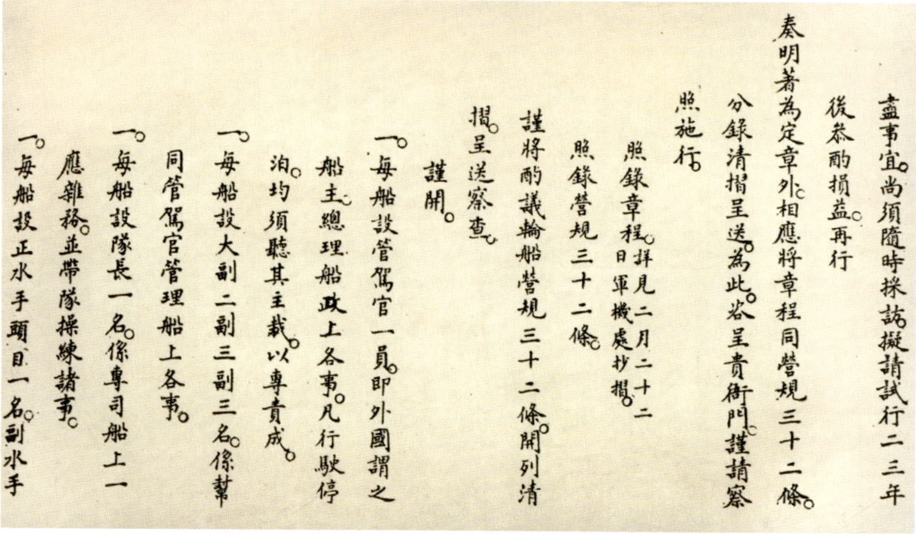

盡事宜。尚須隨時採訪擬請試行二三年
後叅酌損益再行
奏明著為定章外相應將章程同營規三十二條。
分錄清摺呈送。為此咨呈貴衙門謹請察
照施行。
照錄章程。詳見二月二十二日軍機處抄摺。
照錄營規三十二條。
謹將酌議輪船營規三十二條。開列清
摺呈送察查。
謹開。
一、每船設管駕官一員。即外國謂之
船主。總理船政上各事。凡行駛停
泊。均須聽其主裁。以專責成。
一、每船設大副二副三副三名。係幫
同管駕官管理船上各事。
一、每船設隊長一名。係專司船上一
應雜務。並帶隊操練諸事。
一、每船設正水手頭目一名。副水手

《轮船营规》（节选）

停泊在马江上的“扬武”舰（左）、“伏波”舰（右）

『扬武』舰水兵操练场景

## 船政轮船舰队历任主管官员

| 姓名 | 受任时间 | 受任时的职务 |
| --- | --- | --- |
| 李成谋 | 1870 年 | 福建水师提督兼轮船统领 |
| 罗大春 | 1873 年 | 福建水师提督兼轮船统领 |
| 蔡国祥 | 1874 年 | “扬武”舰管带兼轮船督操 |
| 吴世忠 | 1875 年 | 营务处委员、“扬武”舰管带、轮船督操 |
| 张 成 | 1884 年前 | 营务处委员、“扬武”舰管带、轮船督操 |

## 船政军舰 1872 年驻防

| 地点 | 军舰 |
| --- | --- |
| 奉天营口 | “湄云”舰 |
| 直隶天津 | “镇海”舰 |
| 山东烟台 | “飞云”舰 |
| 浙江宁波 | “伏波”舰 |
| 福建马尾 | “扬武”舰、“万年清”舰、“福星”舰、“建威”舰、“长胜”舰、“华福宝”舰、“福源”舰等 |
| 福建厦门 | “靖海”舰 |
| 福建台湾 | “海东云”舰 |
| 广东广州 | “安澜”舰 |

船政轮船舰队暗语旗号

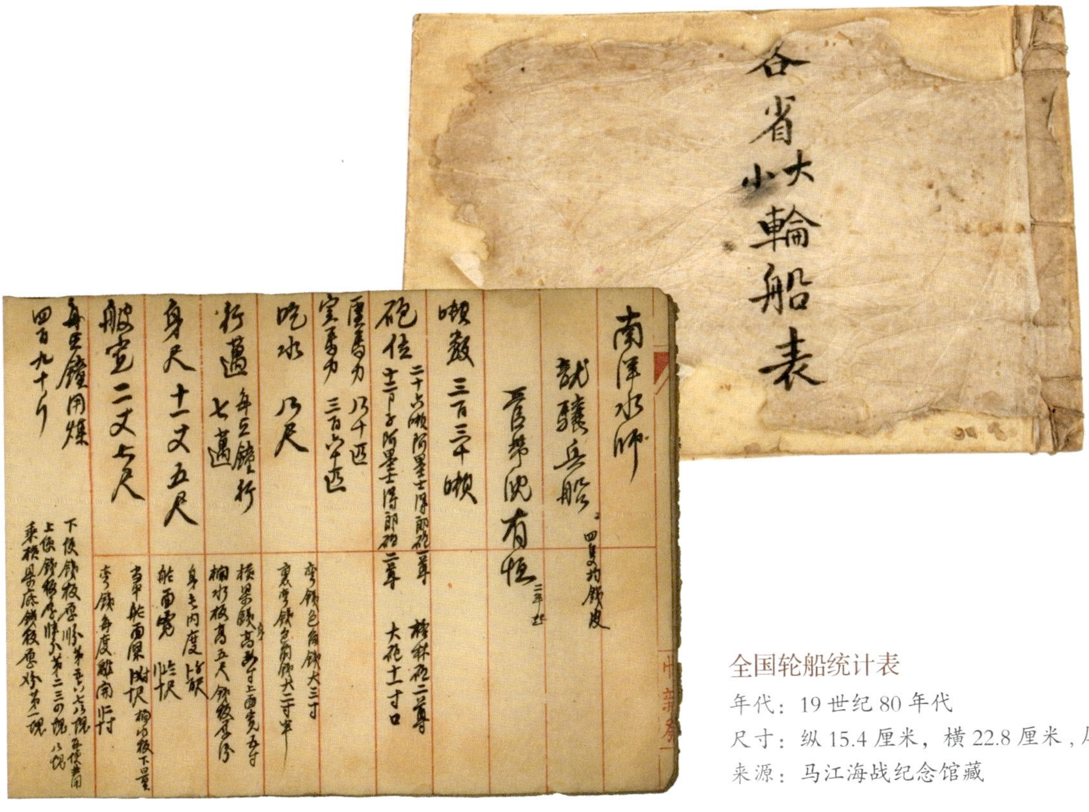


全国轮船统计表

年代：19 世纪 80 年代

尺寸：纵 15.4 厘米，横 22.8 厘米，厚 1.5 厘米

来源：马江海战纪念馆藏

## 二、无闽不成军

船政的舰队建设经验及培育的人才向全国辐射，受此影响，从清末到民国时期，中国近代海军的骨干始终带有船政和福州的渊源，时称“无闽不成军”。

清末海军各时期主管官员

| 职务 | 姓名 | 教育背景 | 籍贯 | 任职时间 |
|---|---|---|---|---|
| 北洋水师统领 | 叶祖珪 | 船政后学堂 | 福建福州 | 1899—1904 |
| 南北洋水师统领 | 叶祖珪 | 船政后学堂 | 福建福州 | 1904 |
| 南北洋水师统领 | 萨镇冰 | 船政后学堂 | 福建福州 | 1905—1911 |
| 海军大臣 | 载洵 | — | 八旗 | 1910—1911 |
| 海军大臣 | 萨镇冰 | 船政后学堂 | 福建福州 | 1911 |
| 署理海军大臣 | 谭学衡 | 广东水陆师学堂 | 广东新会 | 1911 |
| 巡洋长江舰队统制 | 萨镇冰 | 船政后学堂 | 福建福州 | 1909—1911 |

**叶祖珪**

叶祖珪 (1852—1905)，字桐侯，福建福州人，船政后学堂驾驶班第一届毕业生，1877 年首届留英学生，学成归国调入北洋水师，历任“镇边”“靖远”舰管带，参加了中日甲午战争中的黄海海战、威海刘公岛保卫战。1899 年担任北洋水师统领，领导了水师重建，官至提督。1905 年巡阅南北洋海防建设情况时，在上海病逝。

**叶祖珪使用的餐盘**

年代：民国

尺寸：直径 20.2 厘米，厚 2.2 厘米

来源：叶芳骐捐赠

餐盘底部有“ROYAL IRONSTONE CHINA（皇家铁矿石瓷器）”的英文标记。

**清末参加英王加冕礼的"海圻"舰官兵合影**

年代：清末

尺寸：纵 35 厘米，横 45.5 厘米

来源：陈允权捐赠

"海圻"舰，由英国阿姆斯特朗埃尔斯维克船厂制造，1898 年 1 月 24 日下水，1899 年夏抵华，隶属于重建的北洋水师。1911 年"海圻"舰赴欧洲参加英王加冕阅舰式，后开往美洲宣慰侨民，访问美国，成为第一艘进行环球航行的中国军舰。1937 年 9 月 25 日在江阴至靖江段长江自沉，构筑阻塞线。

“永翔”军舰照片（左上）
年代：民国
尺寸：纵 13.8 厘米，横 18 厘米
来源：倪行祺捐赠

“应瑞”练习舰照片（右上）
年代：民国
尺寸：纵 13 厘米，横 19 厘米
来源：倪行祺捐赠

“飞鹰”猎舰照片（左下）
年代：1916 年
尺寸：纵 13 厘米，横 19 厘米
来源：倪行祺捐赠

“肇和”军舰照片（右下）
年代：民国
尺寸：纵 13 厘米，横 18.3 厘米
来源：倪行祺捐赠

| 民国海军部历任总长、部长 | | | | |
|---|---|---|---|---|
| 职务 | 姓名 | 教育背景 | 籍贯 | 任职时间 |
| 南京临时政府海军总长 | 黄钟瑛 | 船政后学堂 | 福建福州 | 1912 |
| 北洋政府海军总长 | 刘冠雄 | 船政后学堂 | 福建福州 | 1912—1916<br>1917—1919 |
| 北洋政府海军总长 | 程璧光 | 船政后学堂 | 广东广州 | 1916—1917 |
| 北洋政府海军总长 | 萨镇冰 | 船政后学堂 | 福建福州 | 1917.7<br>1919.12—1921.5 |
| 北洋政府海军总长 | 李鼎新 | 船政后学堂 | 福建福州 | 1921—1924 |
| 北洋政府海军总长 | 杜锡珪 | 江南水师学堂 | 福建福州 | 1924—1927 |
| 南京国民政府海军部部长 | 杨树庄 | 黄埔水师学堂 | 福建福州 | 1929—1932 |
| 南京国民政府海军部部长 | 陈绍宽 | 江南水师学堂 | 福建福州 | 1932—1938 |

民国海军历任总司令
（至抗日战争胜利时）

| 职务 | 姓名 | 教育背景 | 籍贯 | 任职时间 |
| --- | --- | --- | --- | --- |
| 南京临时政府海军总司令 | 黄钟瑛 | 船政后学堂 | 福建福州 | 1912 |
| 北洋政府海军总司令 | 黄钟瑛 | 船政后学堂 | 福建福州 | 1912 |
| 北洋政府海军代总司令 | 徐振鹏 | 留美 | 广东拱北 | 1912 |
| 北洋政府海军总司令 | 李鼎新 | 船政后学堂 | 福建福州 | 1912—1916 |
| 北洋政府海军代总司令 | 林葆怿 | 船政后学堂 | 福建福州 | 1914 |
| 北洋政府海军总司令 | 萨镇冰 | 船政后学堂 | 福建福州 | 1914—1915<br>1917 |
| 北洋政府海军总司令 | 程璧光 | 船政后学堂 | 广东广州 | 1917 |
| 北洋政府海军署理总司令 | 饶怀文 | 天津水师学堂 | 福建福州 | 1917—1918 |
| 北洋政府海军代总司令 | 何品璋 | 船政后学堂 | 福建福州 | 1918 |
| 北洋政府海军总司令 | 蓝建枢 | 船政后学堂 | 福建福州 | 1918—1921 |
| 北洋政府海军代总司令 | 蒋　拯 | 天津水师学堂 | 福建福州 | 1921—1922 |
| 北洋政府海军总司令 | 杜锡珪 | 江南水师学堂 | 福建福州 | 1922—1925 |
| 北洋政府海军总司令 | 杨树庄 | 黄埔水师学堂 | 福建福州 | 1925—1927 |
| 国民革命军海军总司令 | 杨树庄 | 黄埔水师学堂 | 福建福州 | 1927—1929 |
| 国民革命军海军代总司令 | 李景曦 | 船政后学堂 | 福建福州 | 1927—1928 |
| 国民革命军海军代总司令 | 陈季良 | 江南水师学堂 | 福建福州 | 1928—1929 |
| 南京国民政府海军总司令 | 陈绍宽 | 江南水师学堂 | 福建福州 | 1938—1945 |

**黄钟瑛**

黄钟瑛（1869—1912），字赞侯，福建福州人，船政后学堂驾驶班第十一届毕业生，曾参加中日甲午战争。辛亥革命爆发时任“海筹”舰舰长，率领武汉的清军海军主力起义，后成为民国南京临时政府首任海军总长。

**陈绍宽**

陈绍宽（1889—1969），字厚甫，福建福州人，江南水师学堂驾驶班第六届毕业生，民国南京国民政府成立后担任海军部部长、海军总司令等职，对海军建设苦心孤诣。中华人民共和国成立后，历任福建省副省长、民革中央副主席等职务。

刘冠雄

刘冠雄（1861—1927），字子英，福建福州人，船政后学堂驾驶班第四届毕业生，曾亲历中日甲午战争。中华民国成立后，长期担任北洋政府海军总长，为民国初年的海军制度、教育、装备等建设作出诸多贡献，官至海军上将。

**黄鸣球**

黄鸣球（1864—1916），字韶臣，福建福州人，船政后学堂驾驶班第六届毕业生，曾参加中日甲午战争。1914年10月任“肇和”舰舰长，同年11月被授予海军少将军衔。1916年4月，“新裕”轮因事故爆炸沉没，黄鸣球与船上700余名官兵全部遇难。

**“肇和”舰照片**

年代：民国

尺寸：纵13厘米，横18.3厘米

来源：倪行祺捐赠

“肇和”穹甲巡洋舰，由英国阿姆斯特朗埃尔斯维克船厂制造，1911年10月23日下水。曾加入护法舰队，1933年南下加入粤海舰队，后被并入江防舰队。1937年9月在虎门一带被日军飞机炸沉。

“肇和”舰舰长黄鸣球所用舰上办公储物柜
年代：民国
尺寸：长 99 厘米，宽 51 厘米，高 114 厘米
来源：杨果青捐赠

林毅

林毅（1895—1951），福建福州人，广东海军学校驾驶班第十四届毕业生，曾任“江通”炮舰上尉舰长、东北海军司令部副官、“江通”炮舰副舰长、“江平”炮舰代舰长等职务。

东北江防舰队军官望远镜

年代：民国

尺寸：长 15 厘米，宽 12.5 厘米，高 6 厘米

来源：林洪先、林洪杰、林孟冬、林洪龙、林五寅捐赠

## 黑头鱼雷模型

年代：民国
尺寸：长 24 厘米，直径 2.3 厘米
来源：林洪先、林洪杰、林孟冬、林洪龙、林五寅捐赠

## 鱼雷艇模型

年代：民国
尺寸：长 33 厘米，宽 7.3 厘米，高 6.5 厘米
来源：林洪先、林洪杰、林孟冬、林洪龙、林五寅捐赠

陈赞汤

陈赞汤（1909–1959），字嘉生，浙江平阳人，烟台海军学校航海班第十八届毕业生，1921 年考入福州海军制造学校，1924 年奉命转入烟台海军学校，后与其他学生一起并入福州海军学校学习，称寄闽班。曾任烟台海军学校少尉副教官、马尾海军练营副营长、海军训练团中校代主任等。

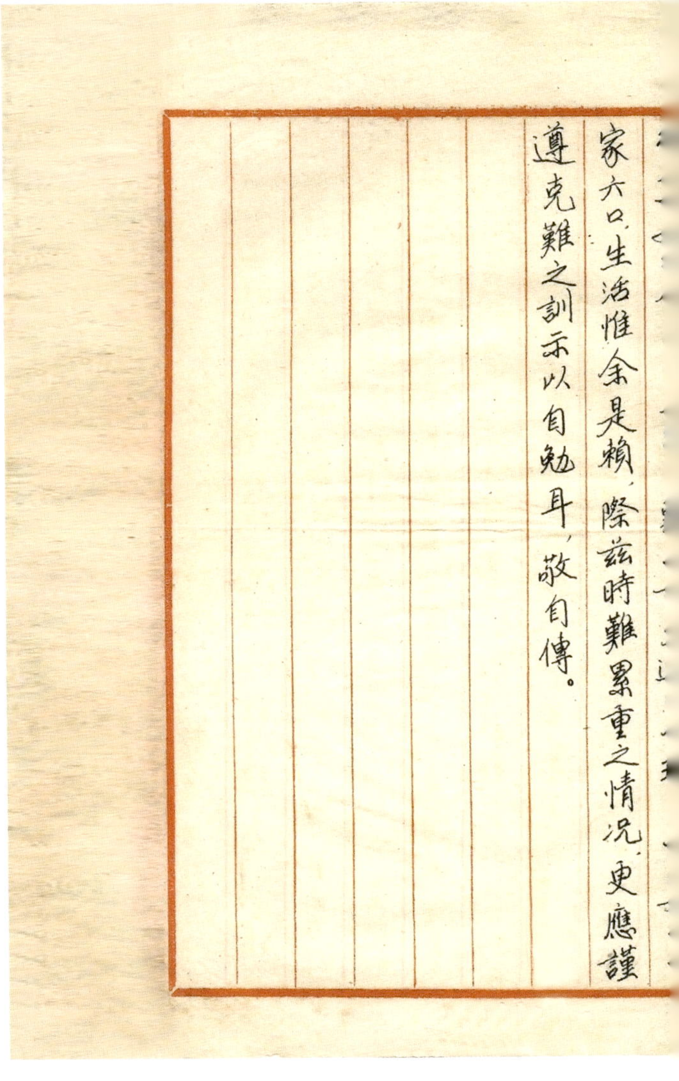

家六口，生活惟余是賴，際茲時難累重之情況，更應謹遵克難之訓示以自勉耳，敬自傳。

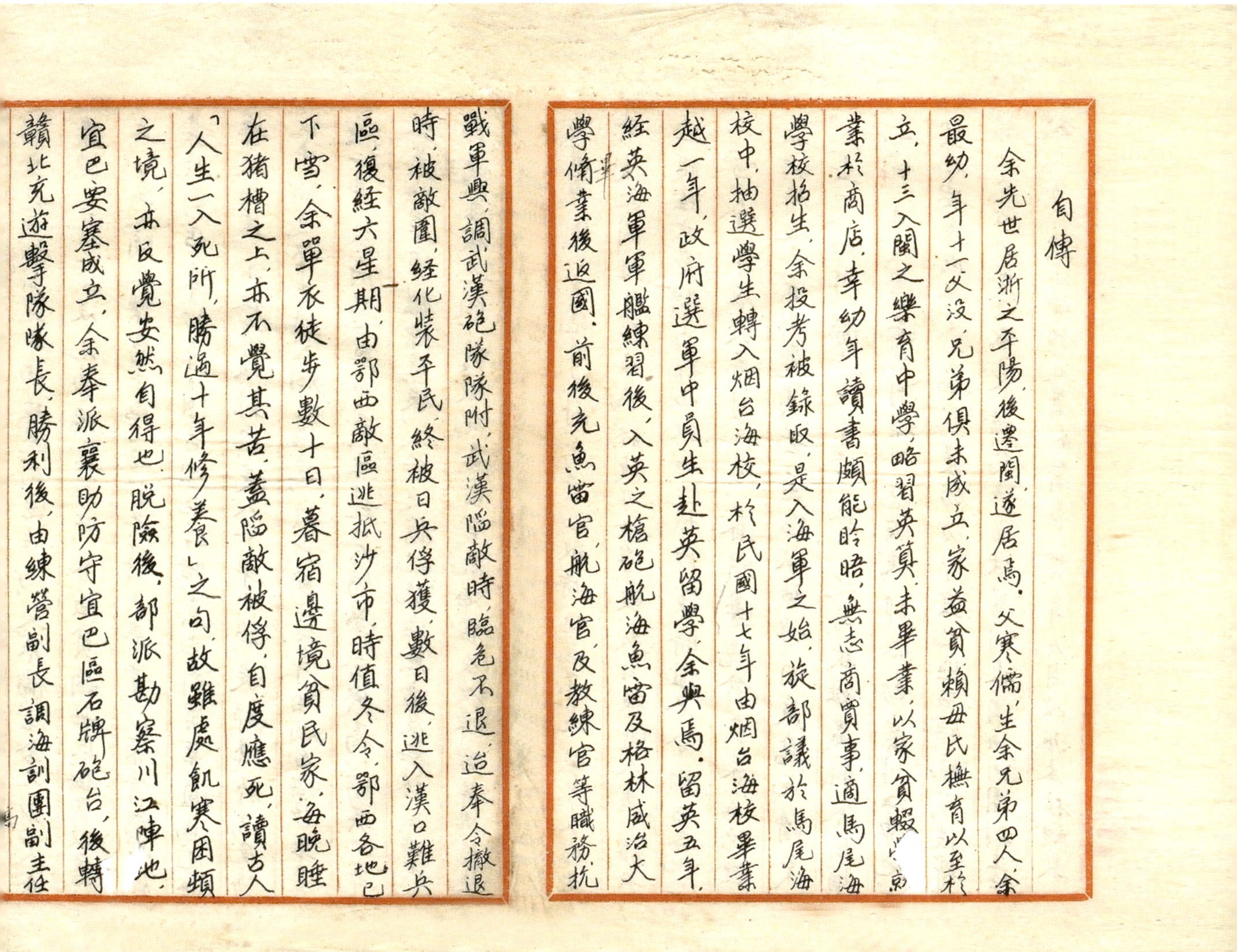

自傳

余先世居浙之平陽，後遷閩，遂居焉。父寒儒，生余兄弟四人，余最幼。年十一父没，兄弟俱未成立，家益貧，賴母氏撫育以至於立。十三入閩之樂育中學，略習英算，未畢業，以家貧輟學，就業於商店，幸幼年讀書頗能吟晤，無志商賈事，適馬尾海學校招生，余投考被錄取，是入海軍之始。旋部議於馬尾海校中抽選學生轉入烟台海校，於民國十七年由烟台海校畢業越一年，政府選軍中員生赴英留學，余與焉。留英五年，經英海軍軍艦練習後，入英之槍砲航海魚雷及格林威治大學脩業後返國。前後充魚雷官、航海官及教練官等職務。抗戰軍興，調武漢砲隊隊附。武漢臨敵時，臨危不退，迨奉令撤退時，被敵圍，經化裝平民，終被日兵俘獲。數日後，逃入漢口難兵區，復經六星期，由鄂西敵區逃抵沙市。時值冬令，鄂西各地已下雪，余單衣徒步數十日，暮宿邊境貧民家，每晚睡在豬槽之上，亦不覺其苦，蓋臨敵被俘，自度應死，讀古人「人生一入死所，勝過十年修養」之句，故雖處飢寒困頓之境，亦反覺安然自得也。脫險後，部派勘察川江陣地，宜巴要塞成立，余奉派襄助防守宜巴區石牌砲台，後轉贛北充游擊隊隊長。勝利後，由練營副長調海訓團副主任

陈赞汤手书自传

年代：1949 年 5 月之后

尺寸：纵 26 厘米，横 57 厘米

来源：陈超捐赠

**南京国民政府海军大礼服帽（左上）**

年代：20 世纪三四十年代

尺寸：长 42.5 厘米，宽 16 厘米，高 15 厘米

来源：陈超捐赠

**南京国民政府海军大礼服剑带（右上）**

年代：20 世纪三四十年代

尺寸：长 102 厘米，宽 4 厘米

来源：陈超捐赠

**北洋政府海军少将肩章（下）**

年代：民国初期

尺寸：长 13 厘米，宽 5.5 厘米（单枚）

来源：陈超捐赠

## 傅成

傅成（1897—2006），字子良，福建福州人，1912 年考入船政后学堂驾驶班，1913 年奉令转入烟台海军学校驾驶班第十二届学习，1920 年毕业。曾任"海容"舰副舰长、"建康"舰舰长、"永绥"舰舰长等职。抗日战争全面爆发后，傅成奉命率领"永绥"舰赴前线抗战。1946 年调任"长治"舰舰长。

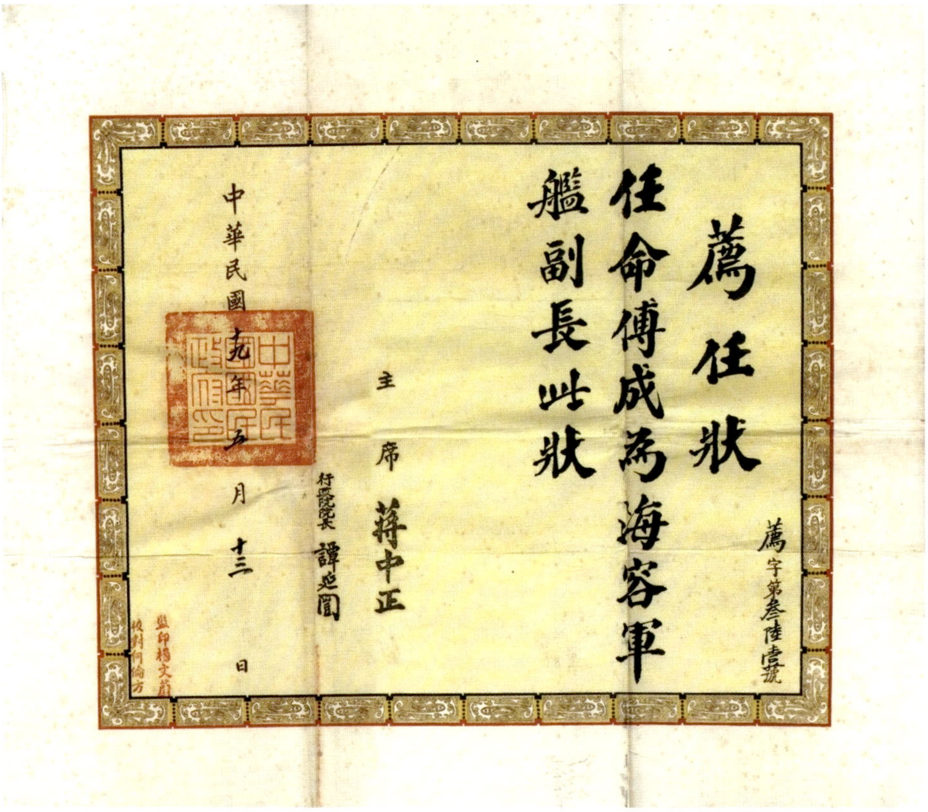

薦任狀

任命傅成為海容軍艦副長此狀

薦字第叁陸壹號

主席 蔣中正

行政院長 譚延闓

中華民國十九年五月十三日

**傅成"海容"军舰副长委任状**

年代：1930 年

尺寸：纵 39.8 厘米，横 49.5 厘米

来源：傅心侬、傅滨烈、傅建烈、傅心庄、傅稚贤捐赠

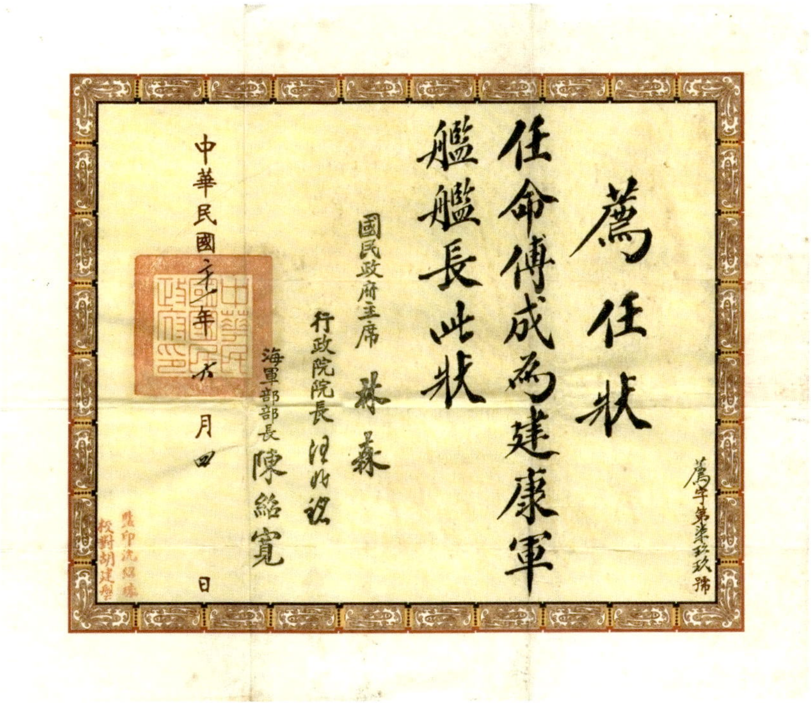


傅成“建康”军舰舰长委任状
年代：1932 年
尺寸：纵 40 厘米，横 48 厘米
来源：傅心侬、傅滨烈、傅建烈、傅心庄、傅稚贤捐赠

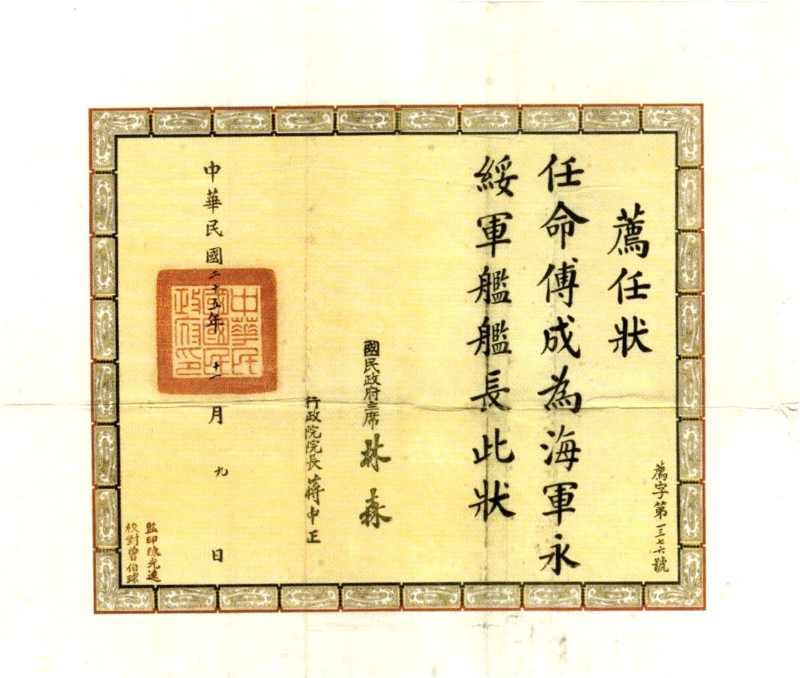


傅成“永绥”军舰舰长委任状
年代：1936 年
尺寸：纵 43.2 厘米，横 52.7 厘米
来源：傅心侬、傅滨烈、傅建烈、傅心庄、傅稚贤捐赠

## 三、海军基石

船政对近代中国海军影响深远，清代、民国时期的海军人员和制度都带有明显的船政印记。由船政孕育出的忠诚卫国、坚韧不屈的海军精神传统，在近代中国海军捍卫国家海上主权、反抗外来侵略的斗争中不断闪耀。

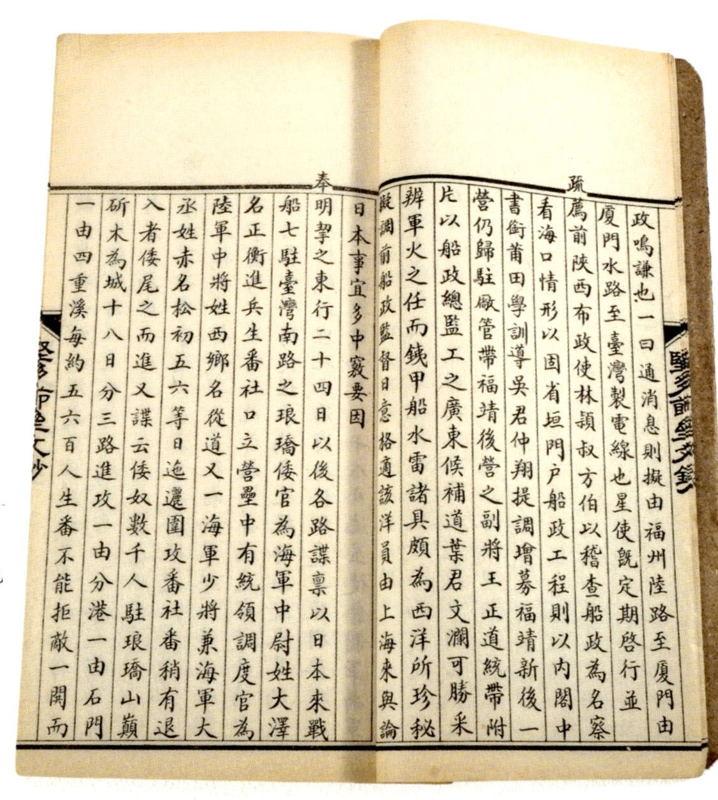


《罗景山台湾海防并开山日记》
年代：清
尺寸：纵 26 厘米，横 14.5 厘米，厚 1 厘米
来源：罗大春后裔捐赠

该书记述罗大春 1874 至 1875 年间的工作，包括开辟台湾东北部沿海山路、处理与当地少数民族之间的关系、提升台湾海防能力等，是研究台湾北部历史的重要史料。

1874年，日本侵略台湾，船政大臣沈葆桢奉命率船政轮船舰队等渡海保卫台湾。船政成为维系闽台联络的纽带，不仅成功保卫台湾，还成为台湾近代化的开拓者。

| 船政大臣建设台湾措施 | |
|---|---|
| 姓名 | 治理措施 |
| 沈葆桢（首任船政大臣） | 开山“抚番”：<br>1. 废除旧禁，允许汉人进入台湾<br>2. 对行政、军事、教育进行改革<br>（1）福建巡抚移驻台湾；（2）台北设一府三县；<br>（3）改驻南北同知；（4）改革台湾驻军制度；<br>（5）建祠昭忠；（6）积极创办“番学”<br>3. 开山筑路，推动经济发展<br>4. 开发矿产，发展工商业 |
| 丁日昌（船政大臣、福建巡抚） | 1. 继续实施沈葆桢的“开山‘抚番’”政策<br>2. 加强台湾防务<br>3. 推进近代化建设<br>（1）架设电报线；（2）计划修筑铁路；<br>（3）提倡开矿；（4）发展教育<br>4. 实施财经制度改革<br>（1）整顿吏治；（2）改革赋税制度；（3）重视发展经济 |
| 吴赞诚（船政大臣） | 1. 继续实施沈葆桢的“开山‘抚番’”政策<br>2. 重视台湾防务<br>3. 东渡巡视台湾<br>4. 平息台湾的叛乱事件 |
| 黎兆棠（船政大臣） | 1. 大力整饬吏治，革除积习<br>2. 开辟闽台定期航班 |
| 裴荫森（船政大臣） | 1. 为加强台澎海防提倡近海防御<br>2. 恢复基隆煤矿 |

沈葆桢保卫台湾期间主持修建的安平炮台

福建戍守台湾将士墓群（福州市马尾区部分）

反抗日本侵台期间，很多清军官兵御敌阵亡或因疫病亡故，后运回大陆安葬。

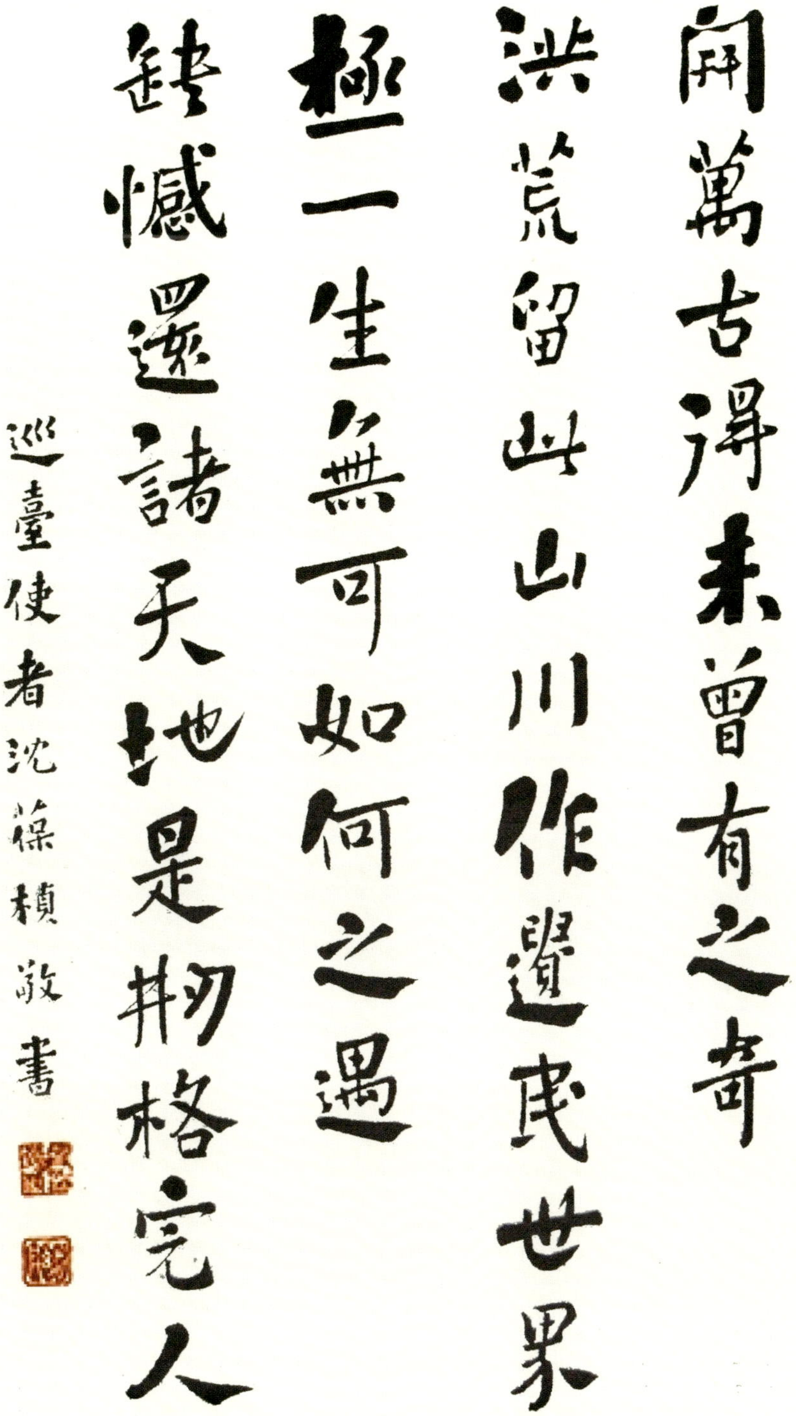


沈葆桢题台湾延平郡王祠碑文

1874 年，沈葆桢奏请清廷公开纪念保卫台湾的明朝英雄郑成功，在台湾设延平郡王祠，纳入国家祀典。

**船政学生在 1875 年绘制的台湾风俗图**

共计 36 幅，通过纪事、番社风俗、风物、特产等展示台湾少数民族生产生活。

1874年，日本以“牡丹社事件”为借口侵台，沈葆桢奉命赴台驱日，在此期间深感通信不便，提议铺设电缆。1885年，首位台湾省巡抚刘铭传组织船政电报学堂学生作为技术人员参与施工。1887年10月11日，中国铺设的第一条海底电缆——福州川石岛至台湾淡水的有线电报线路正式投入使用，全长117海里，被誉为海峡两岸海上“电信丝路”。

川石岛海底电缆槽洞

川石岛海底电缆入海口

台湾海峡海底电缆维护船“飞捷”停泊在船政附近江面

海底电缆残段

1884年8月23日13时56分，法舰趁退潮时，首先开炮击中船政轮船舰队旗舰“扬武”舰，马江海战爆发。海战中，船政轮船舰队官兵不畏强敌，舍生忘死，奋勇杀敌，殉国将士达800余人。

### 马江海战战争过程

- **9时30分：** 马江上，法国军舰开始战斗准备。
- **中午：** 法国驻福州领事白藻泰（Gaston de Bézaure）通知闽浙总督何璟，将在当天向中方开战。
- **13时30分：** 马江退潮，法舰官兵全部就位，于13时45分完成起锚作业，各舰待发。
- **13时56分：** “窝尔达”舰挂出信号旗，法国舰队向船政水师开火，马江海战爆发；<br>“扬武”舰、“伏波”舰相继被法军杆雷击伤；<br>“扬武”舰击毁法军“46”号杆雷艇。
- **13时57分：** “扬武”舰下沉；<br>“福星”舰率“福胜”舰、“建胜”舰向法舰冲击。
- **14时后：** “福星”舰、“福胜”舰、“建胜”舰、“飞云”舰、“振威”舰战沉。
- **14时15分：** 主要战斗结束。

雕塑作品《旗还在》
1884年马江海战中，船政“振威”舰沉没之
舰上升起一面崭新的军旗。此后，相似的
在中日甲午战争、抗日战争中都曾涌现，
传递中国近代海军在逆境中不甘沉沦、奋
争精神的传统。

**船政后学堂驾驶班毕业生黄季良自画像**

年代：1884 年

尺寸：纵 32 厘米，横 41.8 厘米

来源：马江海战纪念馆藏

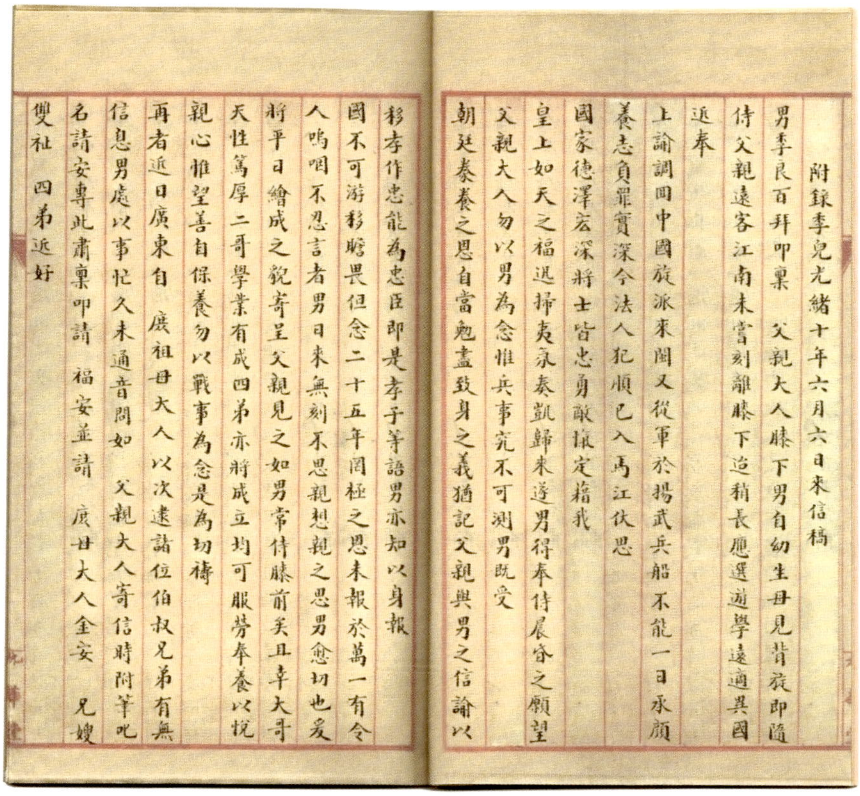

附錄季皃光緒十年六月六日來信稿

男季良百拜叩稟　父親大人膝下男自幼生母見背旋即隨
侍父親遠客江南未嘗刻離膝下迨稍長應選遊學遠適異國
廷奉
上諭調回中國旋派來閩又從軍於揚武兵船不能一日承顏
養志負罪實深今法人犯順已入馬江伏思
國家德澤宏深將士皆忠勇敵愾定藉我
皇上如天之福迅掃夷氛奏凱歸來遂男得奉侍晨昏之願望
父親大人勿以男為念惟兵事究不可測男既受
朝廷豢養之恩自當勉盡致身之義猶記父親與男之信諭以
移孝作忠能為忠臣即是孝子等語男亦知以身報
國不可游移瞻畏但念二十五年罔極之恩未報於萬一有令
人嗚咽不忍言者男日來無刻不思親想親之思男愈切也爰
將平日繪成之貌寄呈父親見之如男常侍膝前矣且幸大哥
天性篤厚二哥學業有成四弟亦將成立均可服勞奉養以悅
親心惟望善自保養勿以戰事為念是為切禱
再者近日廣東自　庶祖母大人以次逮諸位伯叔兄弟有無
信息男處以事忙久未通音問如　父親大人寄信時附筆叱
名請安專此肅稟叩請　福安並請　庶母大人金安　兄嫂
雙祉　四弟近好

**马江海战前夕黄季良给父亲的家书（复制件）**

1884 年 8 月，法国舰队入侵马尾港，袭击船政轮船舰队。面对强敌，黄季良与舰队官兵同仇敌忾，毫不畏惧。眼看战争一触即发，抱定以生命报效祖国之心的黄季良挥笔写下一封家书。信中，黄季良表达了自己以身报国的坚定信念，并托人将信连同自画像寄回家中，在忠孝不可两全的情况下，以之慰别年迈的父亲。

钦差帮办大臣福州将军穆图善颁给监生黄秀标的功牌

年代：1884 年

尺寸：纵 66.5 厘米，横 64 厘米

来源：黄达辉、黄水平捐赠

黄秀标（1850—1895），清监生。马江海战期间，随福州将军穆图善驻守长门等处。

1894年，日本挑起侵略朝鲜和中国的中日甲午战争，海上战场是中日甲午战争的重要组成部分，包括丰岛海战、黄海海战、威海卫战役三次战役，以黄海海战最为激烈。黄海海战是人类史上第一次大规模的铁甲舰队会战，北洋水师在装备处于劣势的情况下，英勇作战，重创4艘日舰，迫使日本舰队首先退出战斗。当时参战的主要舰长有14位，毕业于船政学堂的就有13位，其中又有10位是船政后学堂驾驶班第一届的同班同学。后人感叹为："一校一级战一国。"

建造初成，停泊在德国港口的"定远"舰

"定远"铁甲舰，由德国伏尔铿造船厂制造，1881年12月28日下水。1894年中日甲午战争爆发，"定远"舰作为中方主力舰参加黄海海战、威海卫战役两场重要战役。

| 中日甲午战争海上战场北洋水师主要参战舰长 | | |
|---|---|---|
| 姓名 | 职务 | 教育背景 |
| 林泰曾 | “镇远”舰长 | 船政后学堂驾驶班第一届 |
| 杨用霖 | “镇远”代理舰长 | 船生 |
| 刘步蟾 | “定远”舰长 | 船政后学堂驾驶班第一届 |
| 邓世昌 | “致远”舰长 | 船政后学堂驾驶班第一届 |
| 叶祖珪 | “靖远”舰长 | 船政后学堂驾驶班第一届 |
| 林永升 | “经远”舰长 | 船政后学堂驾驶班第一届 |
| 邱宝仁 | “来远”舰长 | 船政后学堂驾驶班第一届 |
| 方伯谦 | “济远”舰长 | 船政后学堂驾驶班第一届 |
| 黄建勋 | “超勇”舰长 | 船政后学堂驾驶班第一届 |
| 林履中 | “扬威”舰长 | 船政后学堂驾驶班第三届 |
| 吴敬荣 | “广甲”舰长 | 留美 |
| 林国祥 | “广乙”舰长 | 船政后学堂驾驶班第一届 |
| 程璧光 | “广丙”舰长 | 船政后学堂驾驶班第五届 |
| 李和 | “平远”舰长 | 船政后学堂驾驶班第一届 |

**邓世昌**

邓世昌（1849—1894），字正卿，广东广州人，船政后学堂驾驶班第一届外堂生，毕业后留用于船政，后调往北洋水师，历任“飞霆”“镇南”“扬威”“致远”舰管带。在1894年9月17日爆发的黄海海战中，奋勇杀敌，壮烈牺牲，是中国著名的海军英雄。

吾辈从军卫国
早置生死于度外
今日有死而已
然虽死
而海军声威弗替
是即所以报国也
——邓世昌

1887 年赴英国接舰的邓世昌 ( 两手交握者 )、总查琅威理 (Lang William M, 双排扣军服者 ) 等军官在“致远”舰上的合影

“致远”舰燃煤

年代：1894 年

来源：陈悦捐赠

“致远”穹甲巡洋舰，由英国阿姆斯特朗埃尔斯维克船厂制造，1886 年 9 月 29 日下水。黄海海战中，“致远”舰壮烈战沉。

**“来远”舰舵柄改造的墨盒**

年代：1895 年
尺寸：直径 4.6 厘米，高 2.2 厘米
来源：征集

“来远”装甲巡洋舰，由德国伏尔铿造船厂制造，1887 年
月 25 日下水。黄海海战中，“来远”舰在围攻“赤城”
日本军舰的战斗中表现突出。威海卫战役中，“来远”舰
日军鱼雷艇偷袭致沉。

**“海华”舰管带饶鸣衢所用指南针**

年代：清
尺寸：长 8 厘米，宽 12.5 厘米，厚 1.2 厘米
来源：饶世中捐赠

饶鸣衢（1870—1900），福建福州人，北洋水师学堂驾驶班
二届毕业生，曾任北洋水师提督丁汝昌副官、“海华”舰管
参加过中日甲午战争。在 1900 年八国联军侵华战争中，英
要夺取大沽港内的“海华”等 4 艘鱼雷艇，强迫饶鸣衢带领“
华”官兵离舰，饶鸣衢率全舰官兵坚守，壮烈殉国。

油画作品《国土留名》

画作表现的是清末广东水师提督李准率舰巡阅南海、宣示主权的著名事件。当时，参加这一行动的“伏波”舰和“琛航”舰两艘军舰都是由船政制造的，伏波岛（今晋卿岛）和琛航岛就是用它们的名字来命名的。参加这次行动的海军将领林国祥、李和等都是船政学堂的毕业生。

**雕塑作品《让侵略者记住》**

月光下，海军布雷队员深入敌后，在江河边秘密进行布雷行动。抗日战争中，中国海军创造性地进行攻势布雷，不顾危险，直接到日本舰船活动较多的水域就近施放水雷。在布雷之前，英勇的布雷队员还经常会在水雷上写下自己的名字，让侵略者记住，表现了大无畏的英雄精神。

1937 年，日本发动全面侵华战争，中国海军誓言雪甲午耻，和全民族一起顽强抗战，采取封锁战、水雷战、炮队战等形式抵御侵略者，具有船政、福州背景的海军官兵，是其中的中坚力量。

海军学校航海班毕业生倪行祺参加湘阴布雷时穿过的军服

年代：抗日战争时期

尺寸：衣长 70 厘米，肩宽 41 厘米

来源：本人捐赠

倪行祺参加湘阴布雷时被子弹击穿的药盒

年代：抗日战争时期

尺寸：长 9 厘米，宽 7.5 厘米，高 1 厘米

来源：本人捐赠

倪行祺（1919—2018），福建福州人，海军学校航海班第七届毕业生，曾任海军布雷队第三分队队长，率部在湘阴开展布雷游击战，先后布雷近两千具。后任“永宁”舰舰长、海军专科学校兵学部主任等职。

## 张鹏箫所用便携式留声机

年代：民国
尺寸：长 28 厘米，宽 18 厘米，高 5.5 厘米
来源：张贞岳捐赠

## 张鹏箫所用布雷温度计

年代：民国
尺寸：长 30 厘米，直径 3 厘米
来源：张贞岳捐赠

张鹏箫（1894—1970），福建福州人，福州海军学校航海班第一届学生，后转入烟台海军学校第十二届学习，1929 年被选派到英国皇家海军学院留学。1932 年后任马尾海军练营营长，南京海军部副官、参谋，“逸仙”舰、“海容”舰舰长。抗日战争时期任马当炮台第一台台长、海军布雷队副队长、瓯江炮台台长等职。

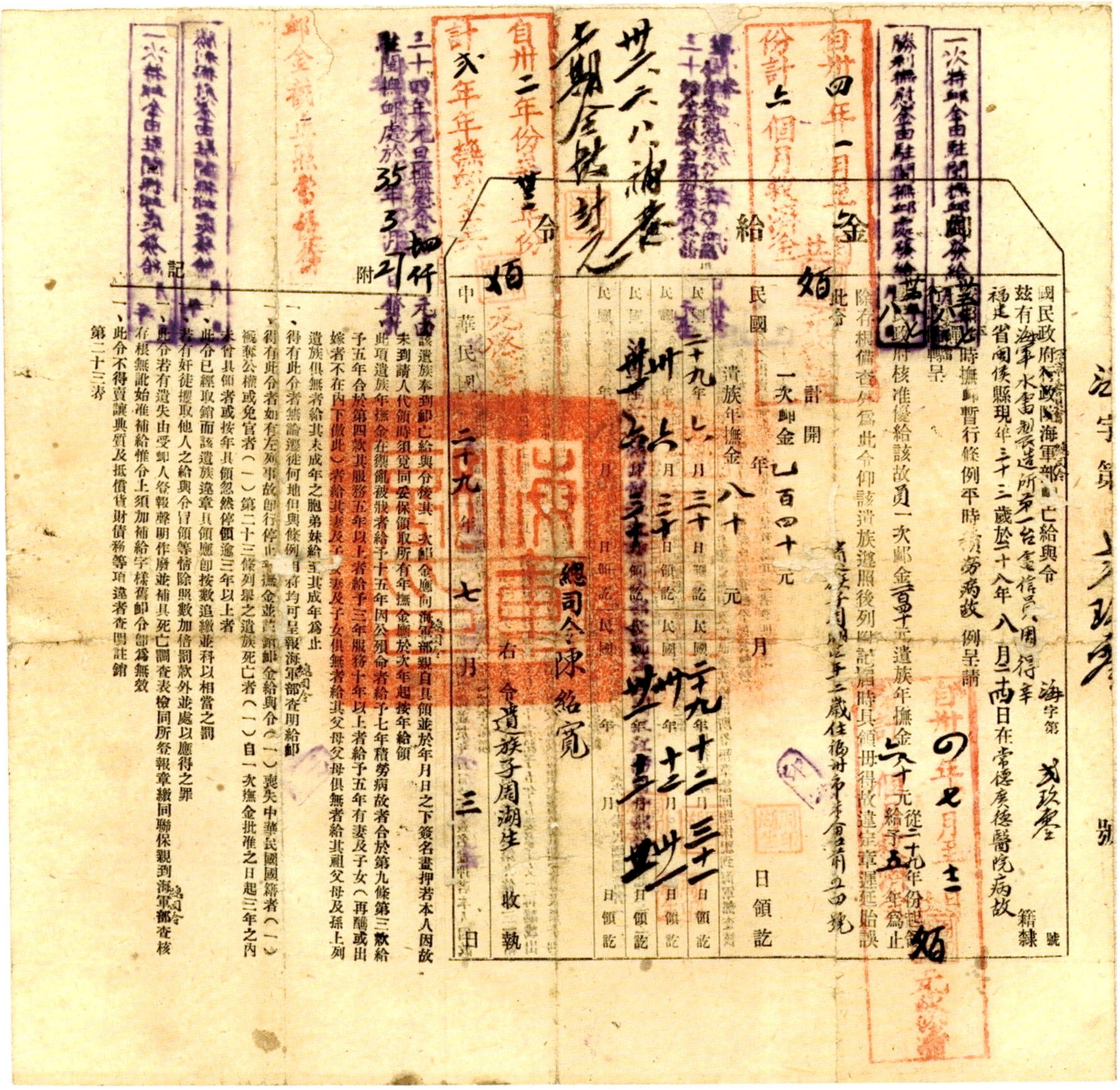

國民政府行政院海軍部卹亡給與令

茲有海軍水雷製造所第一台電信員周得辛 海字第 號 籍隸福建省閩侯縣現年三十三歲於二十八年八月二十四日在常德廣德醫院病故

時撫卹暫行條例平時積勞病故 例呈請

轉呈

府核准優給該故員一次卹金一百四十元遺族年撫金八十元從二十九年份起給予五年爲止

除存根備查外爲此令仰該遺族遵照後列附記屆時具領毋得故違定章遲延貽誤

此令

計開

一次卹金一百四十元

遺族年撫金八十元

民國 年 月 日領訖

中華民國二十九年七月三日

總司令 陳紹寬

右令遺族子周湖生收執

附記

一、該遺族奉到卹亡給與令後其一次卹金應向海軍部親自具領並於年月日之下簽名畫押若本人因故未到請人代領時須覓同妥保領取所有年撫金應於次年起按年給領

一、此項遺族年撫金在禦亂被戕者給予十五年因公殞命者給予七年積勞病故者合於第九條第三款給予五年合於第四款其服務五年以上者給予三年服務十年以上者給予五年有妻及子女（再醮或出嫁者不在內下倣此）者給其妻及子女妻及子女俱無者給其父母父母俱無者給其祖父母及孫上列遺族俱無者給其未成年之胞弟妹給至其成年爲止

一、得有此令者無論遷徙何地但與條例相符均可呈報海軍部查明給卹

一、得有此令者如有左列事故即行停止撫金並註銷卹金給與令（一）喪失中華民國國籍者（二）褫奪公權或免官者（三）第二十三條列舉之遺族死亡者（四）自一次撫金批准之日起三年之內未曾具領者或按年具領忽然停領逾三年以上者

一、此令已經取銷而該遺族違章具領應即按數追繳並科以相當之罰

一、若有奸徒攫取他人之給與令冒領等情除照數加倍罰款外並處以應得之罪

一、此令若有遺失由受卹人登報聲明作廢並補具死亡調查表檢同所登報章繳同聯保親到海軍部查核存根無訛始准補給惟令上須加補給字樣舊卹令即爲無效

一、此令不得買讓典質及抵償貨財債務等項違者查明註銷

第二十三表

海军水雷制造所第一台电信员周得辛恤亡给与令

年代：1940 年

尺寸：纵 26.4 厘米，横 27.6 厘米

来源：陈昭捐赠

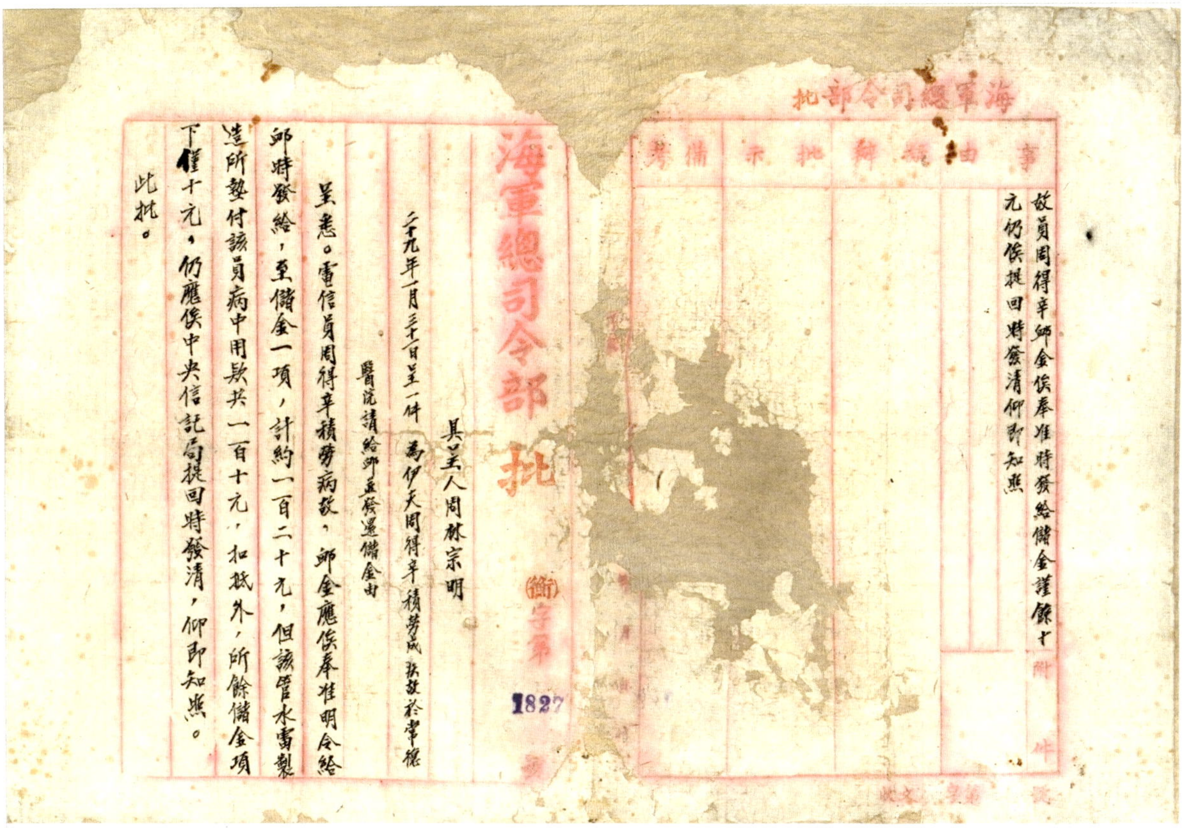

海軍總司令部批

| 事由 | 擬辦 | 批示 | 備考 |
| --- | --- | --- | --- |
| 故員周得辛卹金俟奉准特發給儲金謹餘十元仍俟提回時發清仰即知照 | | | |

海軍總司令部批 （衙）字第1827號

具呈人周林宗明

二十九年一月三十日呈一件 為伊夫周得辛積勞成疾故於常德醫院請給卹並發還儲金由

呈悉。電信員周得辛積勞病故，卹金應俟奉准明令給卹時發給，至儲金一項，計約一百二十元，但該管水雷製造所墊付該員病中用款共一百十元，扣抵外，所餘儲金項下僅十元，仍應俟中央信託局提回時發清，仰即知照。

此批。

海军水雷制造所第一台电信员周得辛抚恤金情况说明

年代：1940 年

尺寸：纵 28.2 厘米，横 63 厘米

来源：陈昭捐赠

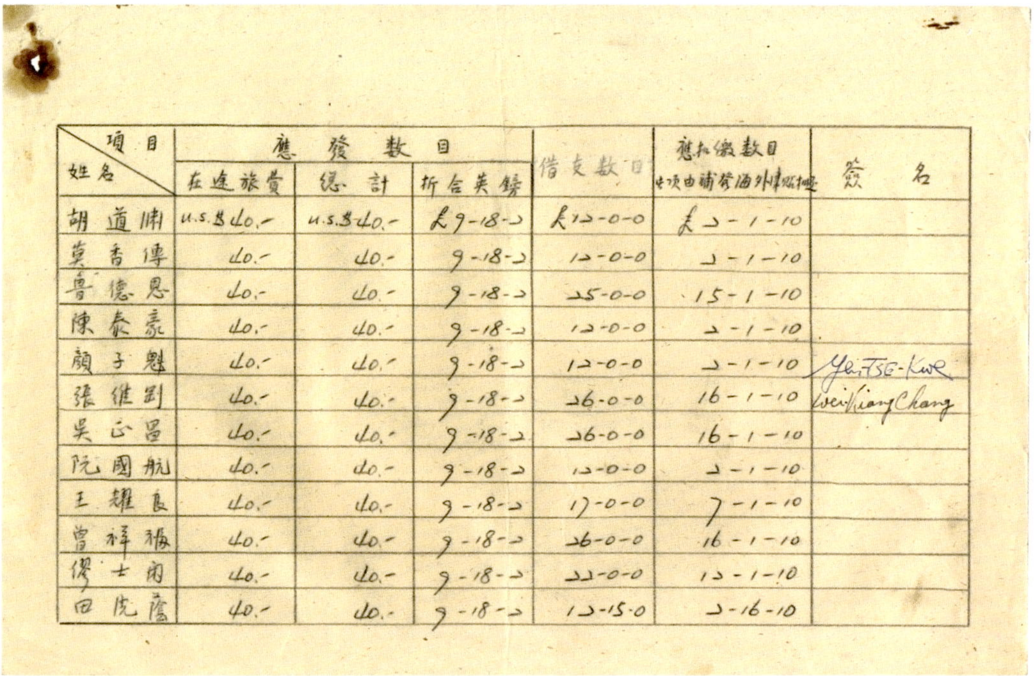

| 項目 / 姓名 | 應發數目 | | | 借支數目 | 應扣繳數目（此项由補發海外津贴扣还） | 簽名 |
|---|---|---|---|---|---|---|
| | 在途旅費 | 總計 | 折合英鎊 | | | |
| 胡道渊 | u.s.$40.- | u.s.$40.- | £9-18-2 | £12-0-0 | £2-1-10 | |
| 莫香傳 | 40.- | 40.- | 9-18-2 | 12-0-0 | 2-1-10 | |
| 魯德恩 | 40.- | 40.- | 9-18-2 | 25-0-0 | 15-1-10 | |
| 陳泰豪 | 40.- | 40.- | 9-18-2 | 12-0-0 | 2-1-10 | |
| 顏子魁 | 40.- | 40.- | 9-18-2 | 12-0-0 | 2-1-10 | Yen Tse-Kwe |
| 張維剛 | 40.- | 40.- | 9-18-2 | 26-0-0 | 16-1-10 | Wei Kiang Chang |
| 吳正昌 | 40.- | 40.- | 9-18-2 | 26-0-0 | 16-1-10 | |
| 阮國航 | 40.- | 40.- | 9-18-2 | 12-0-0 | 2-1-10 | |
| 王耀良 | 40.- | 40.- | 9-18-2 | 17-0-0 | 7-1-10 | |
| 曾祥福 | 40.- | 40.- | 9-18-2 | 26-0-0 | 16-1-10 | |
| 傅士雨 | 40.- | 40.- | 9-18-2 | 22-0-0 | 12-1-10 | |
| 田虎膺 | 40.- | 40.- | 9-18-2 | 12-15-0 | 2-16-10 | |

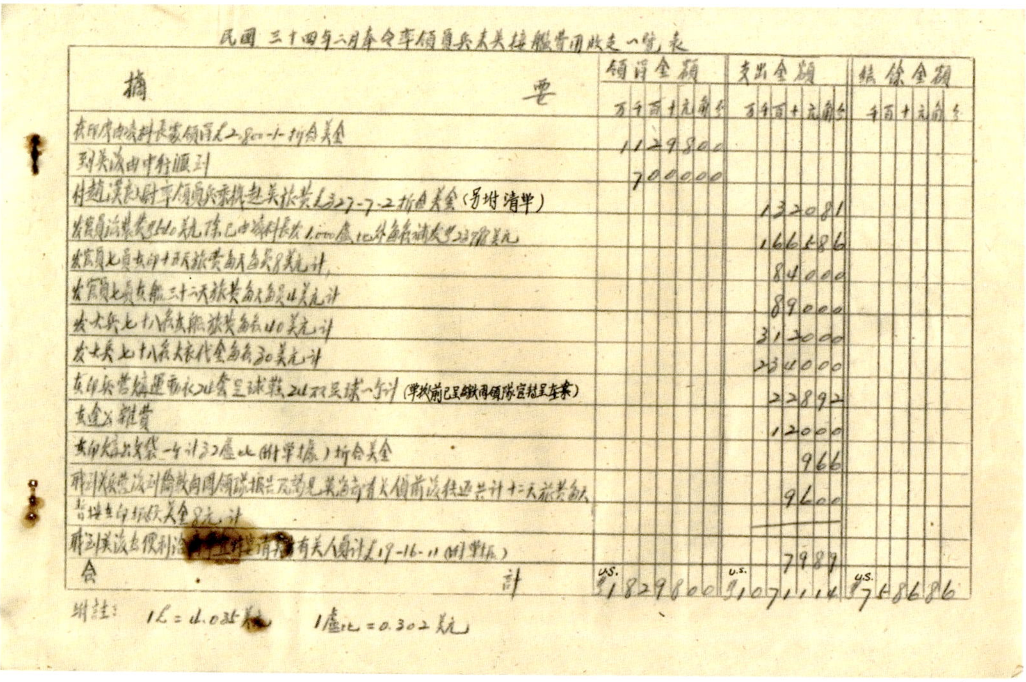

民國三十四年六月奉令率領員兵赴英接艦費用收支一覽表

| 摘要 | 領得金額 | 支出金額 | 結餘金額 |
|---|---|---|---|
| 在印度由[illegible]科長處領得£2,800-1-1折合美金 | 11298.00 | | |
| 到英後由中[illegible]匯到 | 7000.00 | | |
| 付趙[illegible]上尉率領員兵乘機赴英旅費£327-7-2折合美金（另附清單） | | 1320.81 | |
| 发官員治装費[illegible] | | 1666.86 | |
| 发官員七員在印十五天旅費每人每天8美元計 | | 840.00 | |
| 发官員七員在船三十二天旅費每人每天4美元計 | | 890.00 | |
| 发士兵七十八名在船旅費每名40美元計 | | 3120.00 | |
| 发士兵七十八名大衣代金每名30美元計 | | 2340.00 | |
| [illegible] | | 228.92 | |
| 支途次雜費 | | 120.00 | |
| [illegible]计32盧比（附單據）折合美金 | | 9.66 | |
| [illegible]共计十二天旅費每人每天8元計 | | 96.00 | |
| [illegible]計£19-16-11（附單據） | | 79.87 | |
| 合計 | US$18298.00 | US$10711.14 | US$7586.86 |

附註：1£=4.035美元　1盧比=0.302美元

1945年第一批赴英接舰部队费用收支表

年代：1945年

尺寸：纵21厘米，横33厘米

来源：韩景新捐赠

韩兆霖，福建人，福州海军学校航海班第三届毕业生，毕业后任“应瑞”舰鱼雷副、海军川江漂雷队第四队队长、海军第四布雷总队第五大队大队长及第九中队中队长。1945年赴英国接收“伏波”护航驱逐舰，并担任该舰中校舰长。

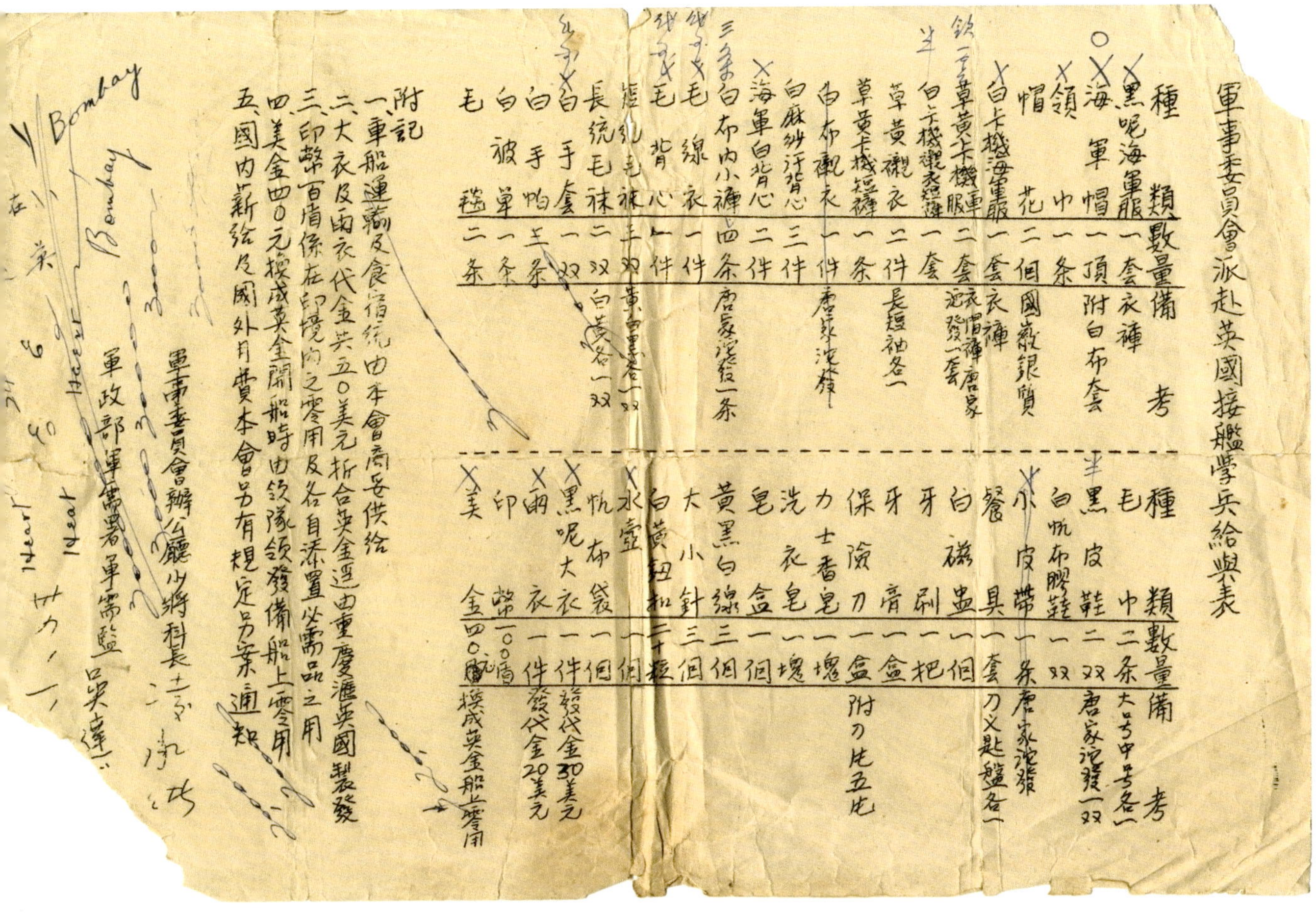

1945 年军事委员会派赴英国接舰学兵给与表

年代：1945 年

尺寸：纵 21 厘米，横 33 厘米

来源：韩景新捐赠

260

争胜利中国海军部队在英国海德公园
加胜利大游行照片
1945 年
纵 8.5 厘米，横 12.5 厘米
倪行祺捐赠

“永宁”舰

抗日战争胜利中国海军赴美国接收“永宁”舰合影

陈长钧

陈长钧（1904—1974），曾用名陈纯珂，福建福州人，福州海军飞潜学校第三届（丙班制机）毕业生。曾任江南造船所工务室少校工务员、航空委员会第八飞机修理厂生产处主任等职。1945年秋，陈长钧接到时任海军总司令陈绍宽的电报，让其赴台参加受降区的军事接收工作。在台湾，他担任马公造船所所长兼上校总工程师，后兼任台湾海军整建委员会工程技术组组长，负责重建战后海防和整建新的台湾海军等相关工作。

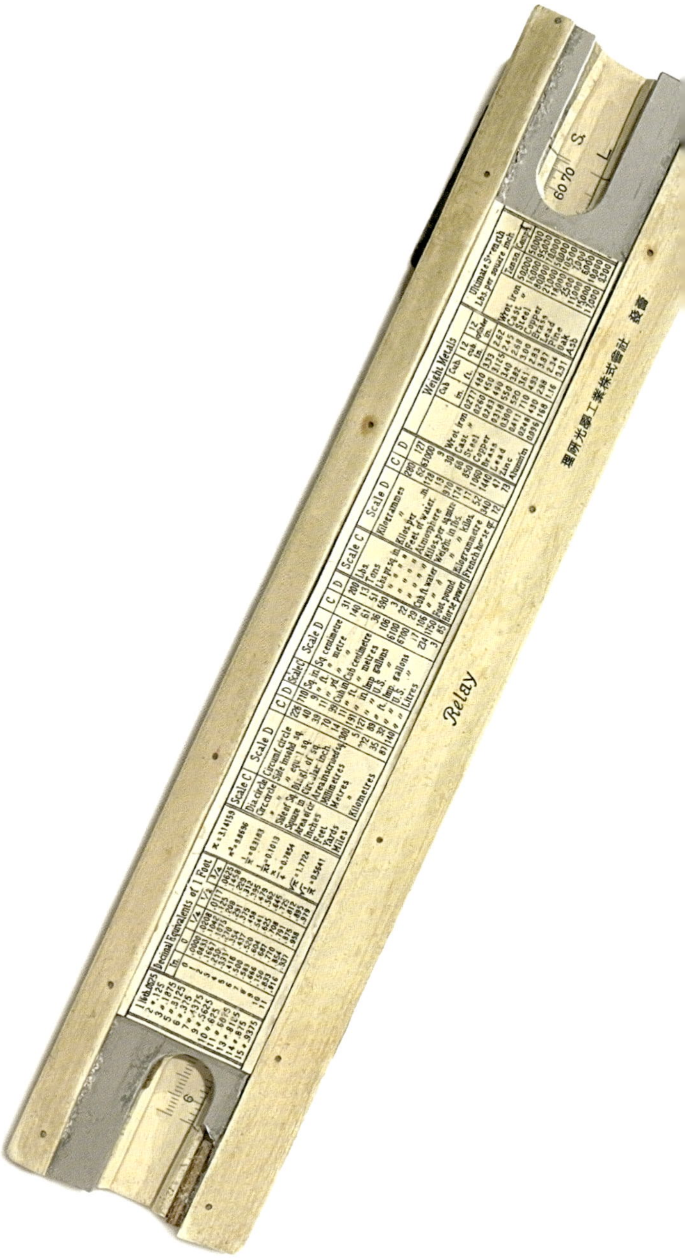


陈长钧在台湾期间使用的计算尺

年代：民国

尺寸：长28厘米，宽3.5厘米，厚0.8厘米

来源：陈明光捐赠

陈长钧在台湾期间使用的望远镜

年代：民国

尺寸：长 16 厘米，宽 11.5 厘米，高 5 厘米

（镜套长 16.8 厘米，宽 15.5 厘米，高 8.3 厘米）

来源：陈明光捐赠

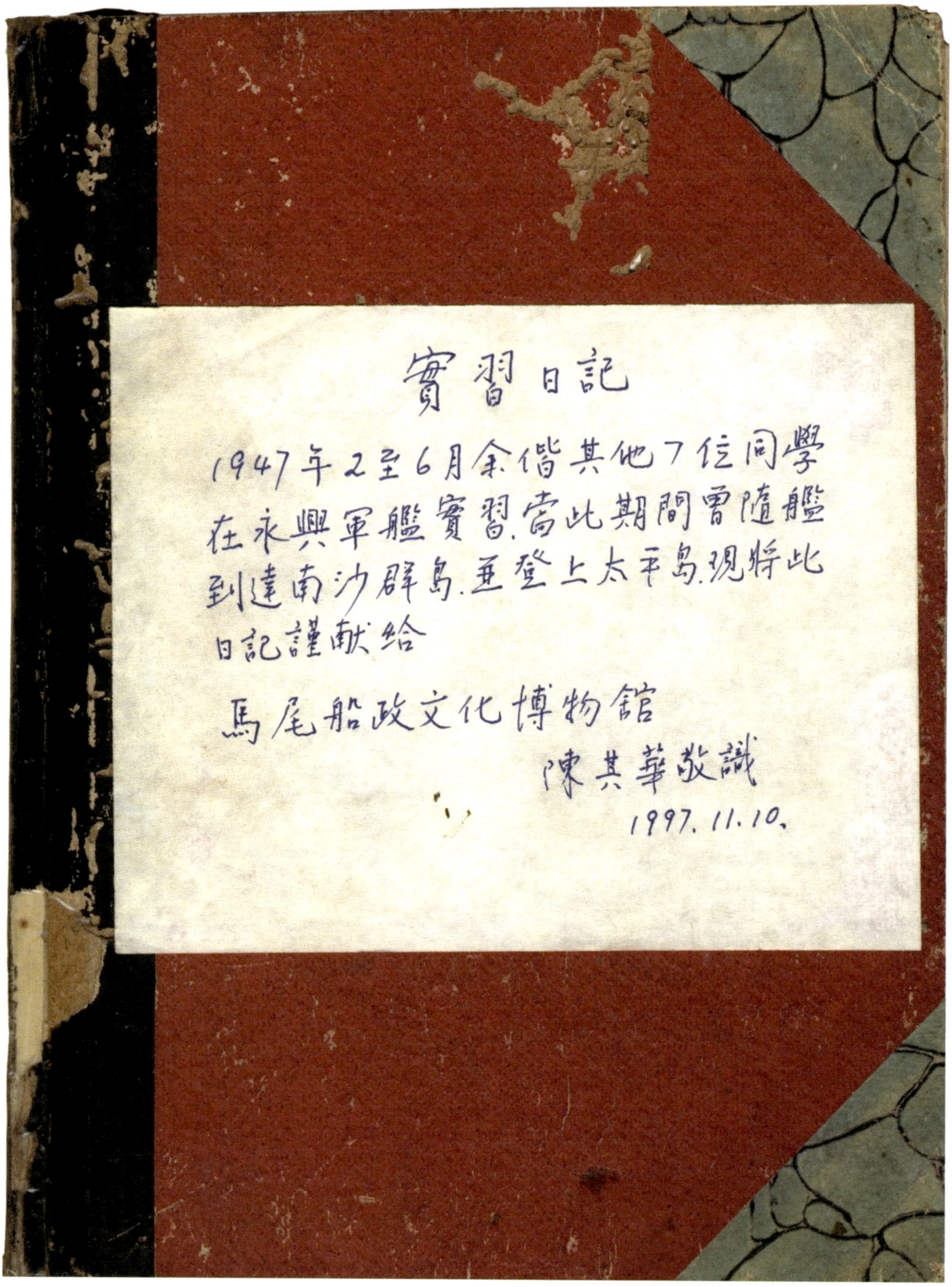


**海军学校航海班学生陈其华在“永兴”军舰实习日记**

年代：1947 年

尺寸：纵 21.5 厘米，横 16.3 厘米，厚 1 厘米

来源：本人捐赠

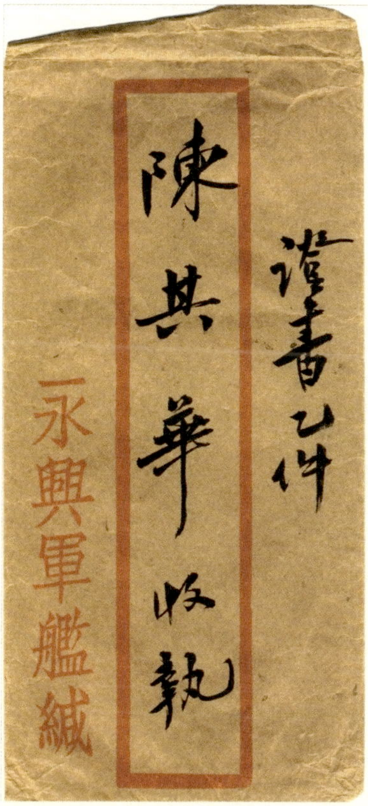


**陈其华“永兴”军舰实习证书封套**

年代：1947 年

尺寸：纵 20.4 厘米，横 10.2 厘米

来源：本人捐赠

**陈其华“永兴”军舰实习证书**

年代：1947 年

尺寸：纵 29.7 厘米，横 45 厘米

来源：本人捐赠

陈其华，福建福州人，海军学校航海班第十二届毕业生，曾任“永翔”炮舰枪炮员。1947 年 2 月至 6 月在“永兴”舰实习，其间曾随舰到达南沙群岛并登上太平岛。

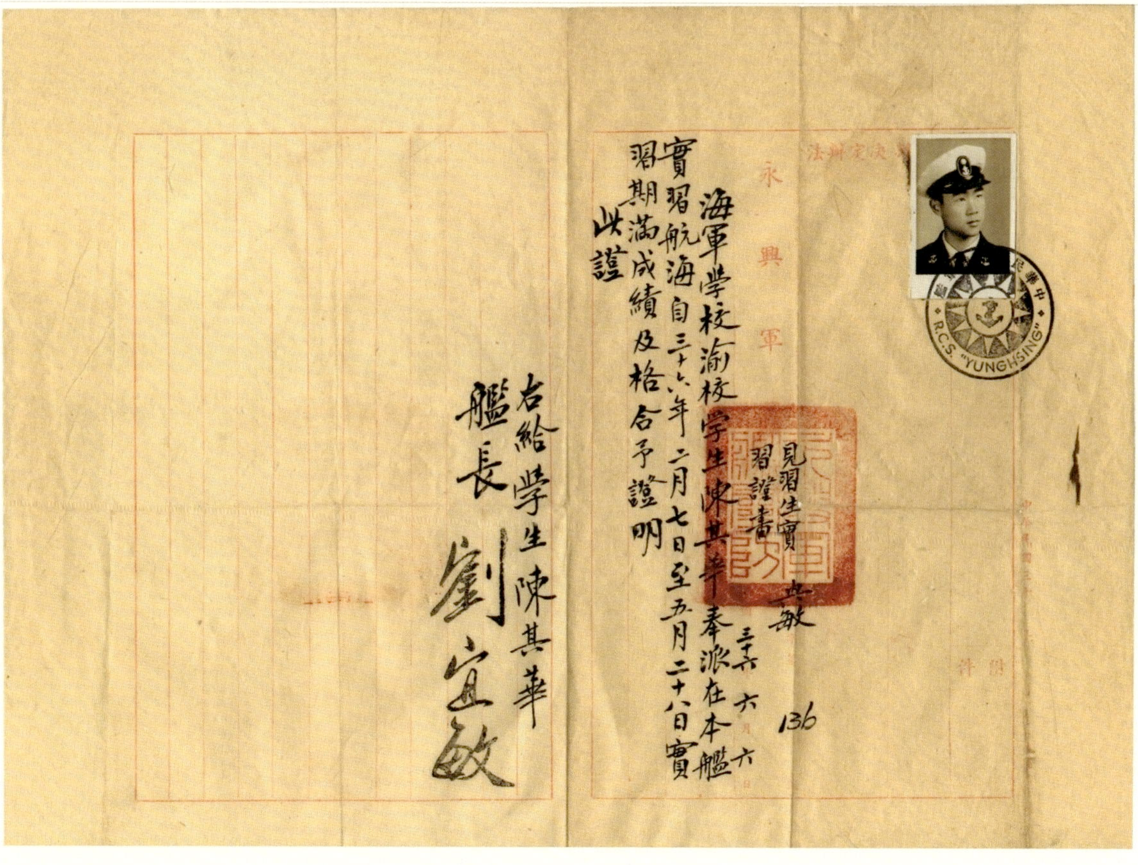

## 四、航向光明

抗日战争胜利后，国民党在 1946 年发动全面内战，由船政孕育的近代海军面临历史抉择。广大海军官兵不愿参加内战，相继发动起义，投向人民的阵营，汇入中国人民解放军海军的建设中。

海防第二舰队起义官兵合影

1949 年 4 月 23 日，林遵将军率领国民党海军海防第二舰队在南京江面起义。

解放战争时期渡江战役东线指挥部所在地白马庙

1949 年 4 月 23 日，华东军区海军率先在江苏泰州白马庙成立，标志着人民海军的诞生，中华民族向海图强的历史翻开了全新的篇章。

1949年8月，华东军区海军领导人在北京中南海合影
（左起：王真、徐时辅、金声、林遵、张爱萍、曾国晟、蒋成玉、黄胜天）

**“长治”舰全体起义同志庆祝中华人民共和国成立纪念合影**

年代：1949 年

尺寸：纵 8.3 厘米，横 15 厘米

来源：陈赛官捐赠

“长治”炮舰，由日本大阪铁工樱岛造船所制造。1945 年 9 月，国民党海军接收该舰，更其名为“长治”，它成为国民党海军海防第一舰队旗舰。1949 年 9 月 19 日，“长治”舰起义，后自沉。1950 年，人民海军将“长治”舰打捞整修，更其名为“南昌”，该舰成为人民海军第六舰队旗舰，编号“210”。

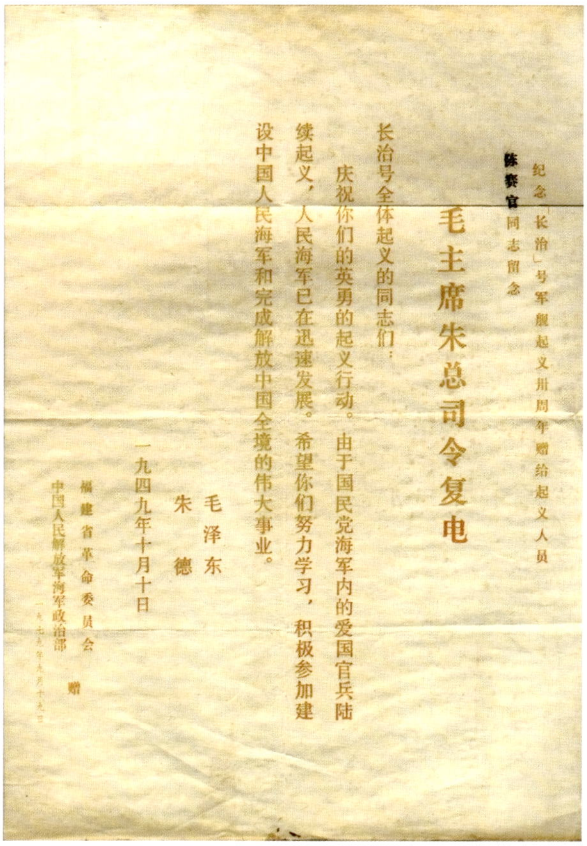

纪念“长治”号军舰起义卅周年赠给起义人员

陈赛官同志留念

毛主席朱总司令复电

长治号全体起义的同志们：

庆祝你们的英勇的起义行动。由于国民党海军内的爱国官兵陆续起义，人民海军已在迅速发展。希望你们努力学习，积极参加建设中国人民海军和完成解放中国全境的伟大事业。

毛泽东

朱德

一九四九年十月十日

福建省革命委员会
中国人民解放军海军政治部 赠

“长治”军舰起义三十周年纪念证书

年代：1979 年

尺寸：纵 42 厘米，横 35 厘米

来源：陈赛官捐赠

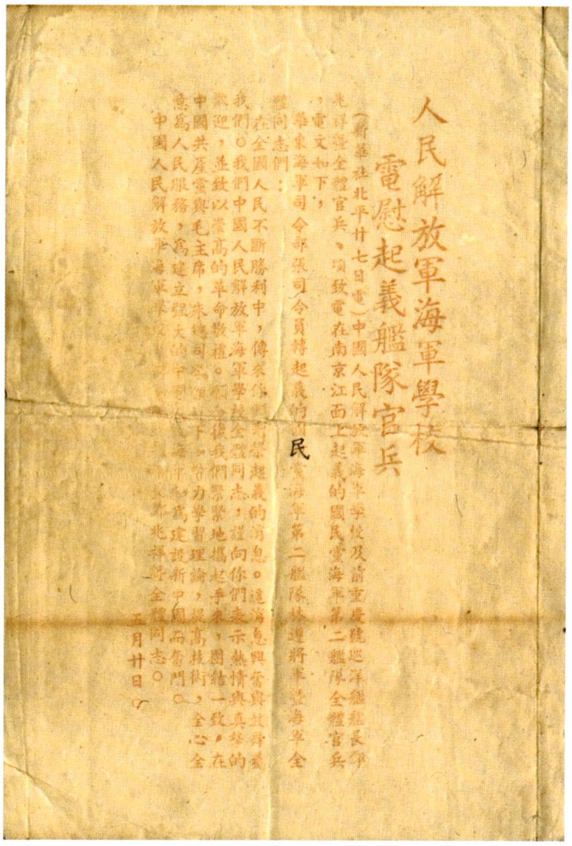

人民解放軍海軍學校電慰起義艦隊官兵

（新華社北平廿七日電）中國人民解放軍海軍學校及前重慶號巡洋艦艦長鄧兆祥暨全體官兵，頃致電在南京江面上起義的國民黨海軍第二艦隊全體官兵，電文如下：

華東海軍司令部張司令員轉起義的[illegible]國民黨海軍第二艦隊林遵將軍暨海軍全體同志們：

在全國人民不斷勝利中，傳來你們英勇起義的消息。這消息興奮與鼓舞着我們。我們中國人民解放軍海軍學校全體同志，謹向你們表示熱情與真摯的歡迎，並致以崇高的革命敬禮。[illegible]今後我們緊緊地攜起手來，團結一致，在中國共產黨與毛主席，朱總司令[illegible]下[illegible]努力學習理論，提高技術，全心全意為人民服務，為建立強大的[illegible]為建設新中國而奮鬥。

中國人民解放軍海軍學[illegible]北[illegible]全體同志。

五月廿日

人民解放军海军学校发给起义舰队官兵的慰问电

年代：1950 年

尺寸：纵 27.5 厘米，横 19.5 厘米

来源：陈赛官捐赠

**"郝穴"舰起义人员林立明的革命军人证明书**

年代：1951 年

尺寸：纵 26.1 厘米，横 25.7 厘米

来源：林立明后裔捐赠

"郝穴"炮舰，日本佐世保船厂制造，1911 年 11 月 17 日完工，被命名为"鸟羽"。1945 年 10 月，中国海军接收"鸟羽"炮舰，先后更其名为"永济""郝穴"。1949 年 11 月，"郝穴"舰起义，后编入人民海军，改名为"湘江"。

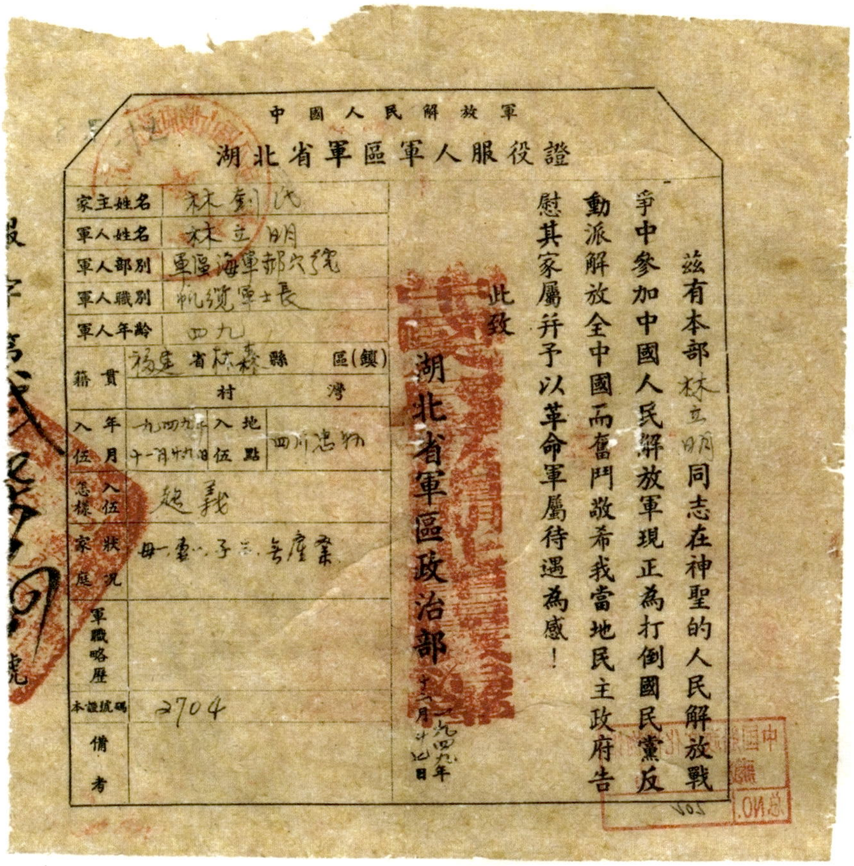

中國人民解放軍

湖北省軍區軍人服役證

| | |
|---|---|
| 家主姓名 | 林劍沈 |
| 軍人姓名 | 林立明 |
| 軍人部別 | 軍區海軍郝穴號 |
| 軍人職別 | 帆纜軍士長 |
| 軍人年齡 | 四九 |
| 籍貫 | 福建省林森縣 區(鎮) 村 灣 |
| 入伍年月 | 一九四九年十一月廿八日 |
| 入伍地點 | 四川忠縣 |
| 怎樣入伍 | 起義 |
| 家庭狀況 | 母一妻一子三無産業 |
| 軍職略歷 | |
| 本證號碼 | 2704 |
| 備考 | |

茲有本部林立明同志在神聖的人民解放戰爭中參加中國人民解放軍現正為打倒國民黨反動派解放全中國而奮鬥敬希我當地民主政府告慰其家屬并予以革命軍屬待遇為感！

此致

湖北省軍區政治部

一九四九年十二月[illegible]日

“郝穴”舰起义人员

林立明的军人服役证

年代：1949 年

尺寸：纵 20.6 厘米，横 20.8 厘米

来源：林立明后裔捐赠

“郝穴”舰照片

年代：民国

尺寸：纵 14.7 厘米，横 20 厘米

来源：林立明后裔捐赠

1949年9月15日，华东军区海军司令员张爱萍在南京设立华东海军司令部研究委员会，主要负责审议军区海军、舰队等指挥系统的组织编制及修改舰艇部队官兵训练大纲等，在人民海军初创阶段发挥了重要作用。

**中国人民解放军华东海军司令部研究委员会全体委员摄影纪念**

年代：1950年

尺寸：纵16.5厘米，横21.1厘米

来源：刘毅捐赠

**萨镇冰**

萨镇冰（1859—1952），字鼎茗，福建福州人，船政后学堂驾驶班第二届毕业生，曾参加中日甲午战争，战后参与重建北洋水师，清末任海军统制。民国时期历任海军总长、代国务总理、福建省省长等职，官至海军上将。中华人民共和国成立后，曾任中央人民政府人民革命军事委员会委员等职。

**萨镇冰参加中苏友好协会第一次代表会议纪念照片**

年代：1950 年

尺寸：纵 26 厘米，横 36.5 厘米

来源：萨本钟、萨强捐赠

## 仁寿堂

萨镇冰为官清廉，乐善好施。晚年救济灾民，居无定所。1938 年，陈兆锵、陈培锟等人集资在福州市鼓楼区鼓东街道中山路购地兴建仁寿堂，作为庆贺萨镇冰八十大寿的贺礼。1948 年萨镇冰九十大寿时，陈兆锵、陈培锟等撰送《海军上将萨公仁寿堂记》，并刻在石碑上，立于堂侧。去世前，萨镇冰留下遗嘱，将仁寿堂献给政府。2013 年，仁寿堂被列为省级文物保护单位。

《海军上将萨公仁寿堂记》碑

年代：1948 年

尺寸：长 55.5 厘米，宽 5.5 厘米，高 108 厘米

来源：萨本钟、萨强捐赠

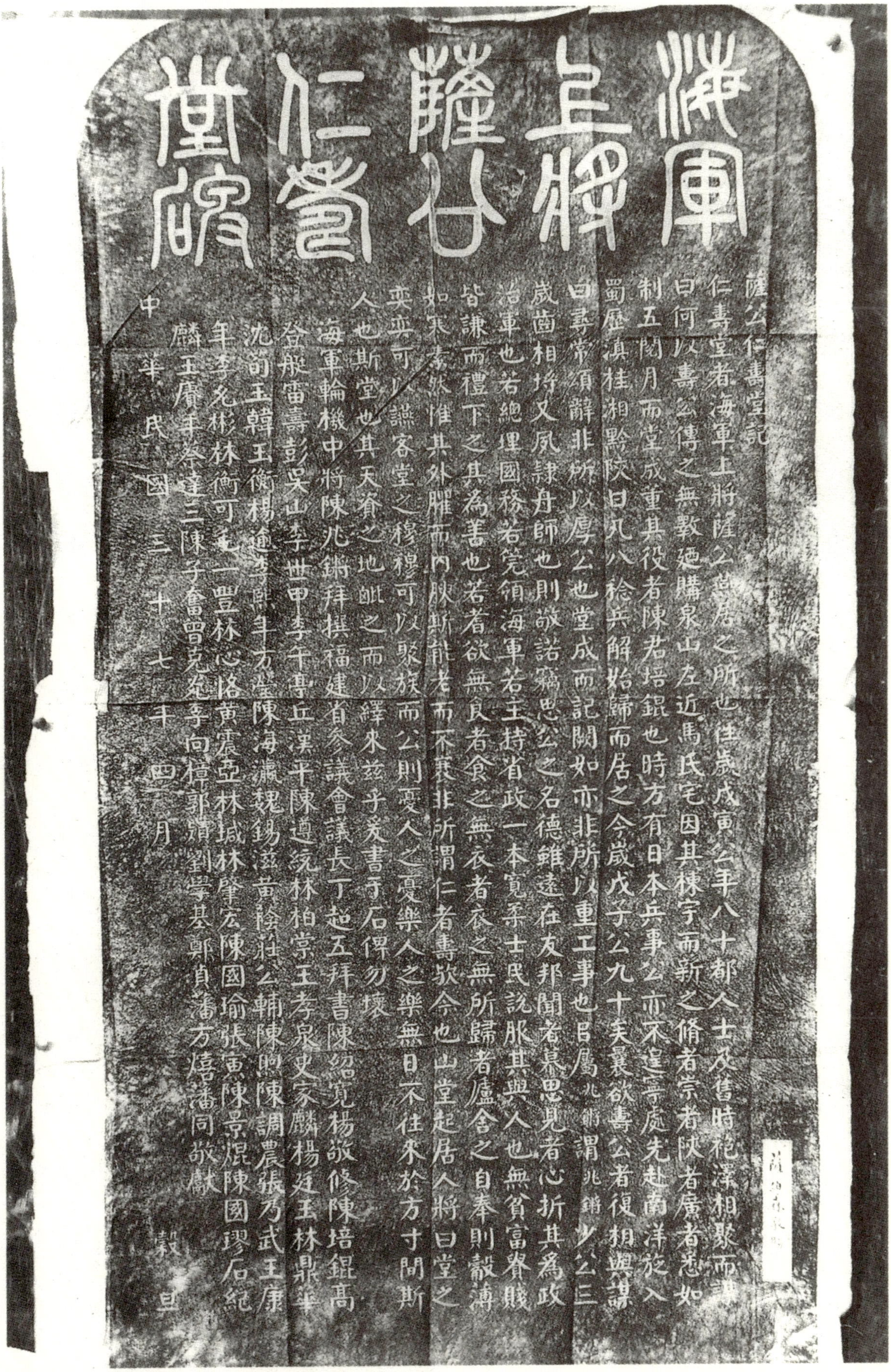

海軍上將薩公仁壽堂碑

薩公仁壽堂記

仁壽堂者海軍上將薩公歸居之所也往歲戊寅公年八十都人士及舊時袍澤相聚而謀曰何以壽公傳之無斁廼購泉山左近馬氏宅因其棟宇而新之倡者宗者陝者廣者悉如制五閱月而堂成董其役者陳君培錕也時方有日本兵事公亦不遑寧處先赴南洋旋入蜀歷滇桂湘黔陝日凡八稔兵解始歸而居之今歲戊子公九十矣曩欲壽公者復相與謀曰壽常須辭非所以厚公也堂成而記闕如亦非所以重工事也已屬兆鏘謂兆鏘少公三歲齒相埒又夙隸舟師也則敬諾竊思公之名德雖遠在友邦聞者慕思見者心折其為政治軍也若總理國務若筦領海軍若主持省政一本寬柔士民說服其與人也無貧富貴賤皆謙而禮下之其為善也若著欲無良者食之無衣者衣之無所歸者廬舍之自奉則敬薄如寒素然惟其外臞而內腴斯能老而不衰非所謂仁者壽歟今也此堂起居人將曰堂之奕奕可以識客堂之穆穆可以聚族而公則憂人之憂樂人之樂無日不往來於方寸間斯人也斯堂也其天資之地毗之而以繹來茲子爰書于石俾勿壞

海軍輪機中將陳兆鏘拜撰福建省參議會議長丁超五拜書陳紹寬楊敬修陳培錕高登艇雷壽彭吳山李世甲李午專丘漢平陳遵統林柏棠王孝泉史家麟楊廷玉林鼎華沈覲玉韓玉衡楊適李熙年方瑩陳海瀛魏錫滋黃曾樾莊公輔陳煦陳調甫張乃武王康年李名彬林衡可毛一豐林心恪黃震亞林斌林肇宏陳國瑜張寅陳景渥陳國璁石紀麟王賡年蔡達三陳子奮曾克耑李向樟郭庸劉學基鄭貞潘方焙潘同敬獻

中華民國三十七年四月 穀旦

《海军上将萨公仁寿堂记》碑文拓片

**萨镇冰佩用过的中国人民政治协商会议全国委员会徽章**

年代：1950 年

尺寸：直径 3 厘米

来源：萨本钟、萨强捐赠

**萨镇冰佩用过的福建省人民政府徽章**

年代：1950 年

尺寸：直径 3 厘米

来源：萨本钟、萨强捐赠

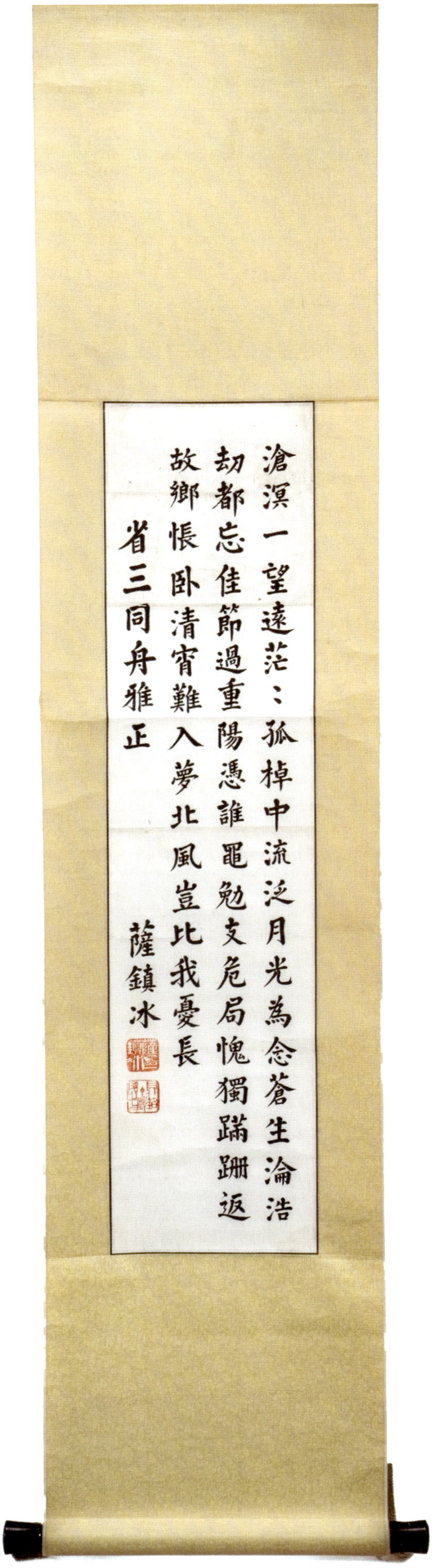


**抗日战争期间萨镇冰赠海军军官欧阳宝书法作品**

年代：20 世纪 40 年代

尺寸：纵 158 厘米，横 36.3 厘米

来源：欧阳杰、欧阳健、欧阳平、欧阳宁、欧阳仪、欧阳信捐赠

欧阳宝（1902—1986），福建福州人，福州海军制造学校丁戊班转烟台海军学校航海班十七届学生，毕业后历任“永绩”舰航海副、枪炮副等职，1929 年被海军部选派赴英留学，回国后任海军学校学监、“通济”舰副舰长、海军部军学司司长、海军总司令部编纂处上校处长等职。

中国船政文化城

# 附录一·船政之最

## 1866年

- 中国第一个专门负责海军建设的国家机构：船政
- 建成中国自营第一所近代化造船厂
- 中国采用现代24小时制时间的代表性区域：船政

## 1867年

- 中国第一所现代意义的海军军官学校：船政后学堂
- 中国第一所现代意义的工程技术学校：船政前学堂
- 中国第一个工业设计机构：船政绘事院
- 中国第一个海军新兵训练部队：船政水师营

## 1868年

- 中国第一所职业技术学校：船政艺圃

## 1869年

- 中国自造第一艘千吨级蒸汽动力军舰：“万年清”

## 1870年

- 中国第一支近代海军舰队：船政轮船舰队
- 亚洲第一座拖船坞：船政铁船槽

## 1871年

- 中国自造第一台船用蒸汽机
- 中国近代海军首次进行远航训练

## 1872年

- 中国自造第一艘巡洋军舰：“扬武”
- 绘制完成中国第一套现代海图

## 1873年

- 中国自造第一艘专用运输舰：“永保”

## 1874年

- 中国第一条自营电报线：福州至船政电报线

**1875年**

- 近代中国军舰首次正式出访外国："扬武"舰访问日本

**1876年**

- 中国自主设计建造的第一艘军舰："艺新"
- 中国第一所电报专业学校：电报学堂

**1877年**

- 中国自造第一艘铁胁木壳军舰："威远"
- 中国首次官派学生赴欧留学

**1879年**

- 中国人首次独立使用电力照明：船政天后宫前点亮电灯

**1883年**

- 中国自造第一艘全金属材质军舰："开济"

**1885年**

- 中国自造第一艘采用电力照明的军舰："镜清"

**1886年**

- 中国最早的发电车间之一：船政电灯房
- 中国第一座海军烈士纪念专祠：马江昭忠祠
- 中国第一个鱼雷生产车间：船政鱼雷厂

**1887年**

- 中国第一条海底电缆：福州川石岛至台湾淡水海底电缆

**1888年**

- 亚洲国家自造第一艘钢甲军舰："平远"

**1889年**

- 亚洲国家自造第一艘大型鱼雷军舰："广乙"

**1898年**

- 中国自造第一艘鱼雷艇"建翼"开工

**1905 年**

中国自造第一艘大型商船："宁绍"

**1917 年**

中国第一所航空工程职业技术学校：福州海军飞潜学校

**1918 年**

中国第一个航空工业机构：飞机制造工程处

**1919 年**

中国自主设计建造的第一架飞机："甲型一号"

**1924 年**

中国自造第一架船型水上轰炸机："丙型一号"

**1934 年**

中国自制第一架海军舰载飞机："宁海附号"

**1944 年**

中国自制第一架中型轰炸机："研轰三"

**1949 年**

中华人民共和国建立初期唯一设有航空机械专业的职业技术学校：福建省高级航空机械商船职业学校

**1958 年**

中国自造第一艘钢丝网水泥船："尖兵"

**1974 年**

世界第一艘大型钢丝网水泥货船："古田"

**1998 年**

福建省第一艘万吨轮："泰格 · 珍珠"

**2018 年**

世界第一艘深海采矿船："鹦鹉螺新纪元"

**2020 年**

中国第一艘全数配备国产化科考作业设备的载人潜水器支持保障母船："探索二号"

**2023 年**

中国第一座折叠渐进式剧场落成，第一部海洋强国主题多维体验剧公演

# 附录二·船政大事

1866 年 6 月 25 日

闽浙总督左宗棠上奏，详陈有关设厂造船的计划，提出“欲防海之害而收其利，非整理水师不可；欲整理水师，非设局监造轮船不可”。

1866 年 7 月 14 日

清廷颁上谕，批准左宗棠设厂造船的计划，评价其为“中国自强之道”。

1866 年 12 月 23 日

船政建设在马尾正式动工。

1867 年 1 月 6 日

船政创办的求是堂艺局开学，借福州城内的白塔寺、仙塔街以及城外的亚伯尔顺洋房为教学点。

1867 年 7 月 18 日

沈葆桢到达马尾，就任总理船政大臣。

1867 年 12 月 26 日

船政绘事院开始培训制图学生。

1867 年末

求是堂艺局迁至马尾，更名为船政学堂（前、后学堂）。

1869 年 6 月 10 日

船政建造的第一艘千吨级蒸汽动力军舰顺利下水，命名为“万年清”。

1870 年

组建中国第一支近代海军舰队——船政轮船舰队。

1871 年 4 月 10 日

清廷批准船政拟定的《轮船出洋训练章程》和《轮船营规》。

1874 年 2 月 16 日

船政中法合作期满，一揽子目标全部完成，船政进入技术独立自主发展时期。

1874 年 6 月 14 日

因日本侵略台湾，船政大臣沈葆桢奉旨到台湾处理海防事宜。

1874 年 12 月 20 日

侵台日军从台湾全部撤离。

1877 年 3 月 31 日

船政首批留学生乘坐“济安”舰由马尾出发，抵香港后于 4 月 5 日转乘外国商船赴欧洲。

1882 年

船政向欧洲派出第二批留学生。

1884 年 8 月 23 日

马江海战爆发，停泊马江的法国舰队突袭船政轮船舰队，船政舰队殉国将士 800 余人。

1886 年 4 月 6 日

船政第三批留学生取道香港乘船前往欧洲。

1886 年 12 月

马江昭忠祠建成。

1887 年 9 月

船政学堂毕业生参与的台湾淡水至福州芭蕉岛（今川石岛）海底电缆铺设完成，连接入船政至福州电报线，海峡两岸建立直接电报通信。

1887 年

船政开始在青洲一带修建大型干船坞。

1888 年

清廷谕旨批准颁行《北洋海军章程》，北洋水师正式成军，船政后学堂毕业生林泰曾、刘步蟾分任左、右翼总兵。

1888 年

本年起，船政衙门开始编纂出版《船政奏议》。

1891 年 7 月 23 日
闽浙总督卞宝第（兼管船政）上奏，汇报船政提调杨廷传及各员绅申请自行筹款在船政附近设立左宗棠、沈葆桢合祠，旋获旨准。

1896 年 10 月
福州将军、船政大臣裕禄与法方代表卜玳以及法国驻福州副领事高乐待( Paul Claudel )在船政衙门签约，启动船政第二次中法技术合作。

1897 年
船政第四批留学生出洋。

1900 年
船政改造二号船台、三号船台，增拓尺寸，并将三号船台的前段改为石筑。

1901 年 1 月 2 日
船政邮局成立，使用“福州船政 FOOCHOW ARSENAL”中英文邮戳。

1907 年
船政第二次中法合作期满。

1909 年 9 月
清政府筹办海军大臣载洵、萨镇冰到达马尾，视察船政。

1910 年 6 月 5 日
南洋劝业会（中国历史上首次以官方名义主办的国际性博览会）在江苏江宁（今南京）开幕，船政选送“平远”“开济”等舰船模型、船政沙盘模型以及耐火砖、古田铁等产品参展，附带《砖灰厂火砖出品说明书》《古田铁出品说明书》等介绍材料，其中沙盘模型、古田铁获金牌奖。

1912 年
中华民国成立。船政收归海军部，更名为福州船政局。船政前、后学堂亦收归海军部直辖，船政艺圃仍隶属福州船政局。

1913 年
船政前、后学堂分别更名为福州海军制造学校、福州海军学校。船政艺圃更名为福州海军艺术学校。

1914 年 2 月

海军部购入位于马尾的洋商天裕船坞，交福州船政局管理和使用。福州船政局此后将青洲船坞称为一号船坞，将天裕船坞称为二号船坞。

1917 年 12 月

福州船政局内新办福州海军飞潜学校。

1918 年 1 月

福州船政局下设立飞机制造工程处，巴玉藻担任主任，王助、曾诒经、王孝丰为副主任。

1918 年

海军总司令蓝建枢校阅舰队时赴马江昭忠祠拜谒，与福州船政局局长陈兆锵商议“展拓修葺”，在海军界发起募捐。

1919 年 8 月

飞机制造工程处制成第一架飞机，命名为“甲型一号”。

1920 年 8 月

马江昭忠祠、马江海战烈士墓重修完成，福州船政局局长陈兆锵撰《重修马江昭忠祠墓记》。

1922 年 10 月 8 日

经海军界人士呼吁推动，甲午海军烈士入祀马江昭忠祠。

1923 年 2 月 7 日

军阀镇压京汉铁路大罢工工人，船政艺圃艺徒出身的京汉铁路总工会江岸分会委员长林祥谦牺牲。

1923 年 9 月

飞机制造工程处更名为海军制造飞机处，隶属海军总司令公署。

1926 年

海军第一舰队司令陈季良向海军总司令杨树庄申请，为节省经费，将福州海军制造学校、福州海军飞潜学校并入福州海军学校，旋获允行。

1930 年 4 月 3 日

海军部颁布训令，福州船政局更名为海军马尾造船所。

1931 年 12 月

福州海军学校更名为海军学校。

1933 年 2 月 13 日

海军部颁布训令，将每年的 8 月 23 日和 9 月 17 日定为海军纪念日，届期由在闽海军最高长官率领海军人员到马江昭忠祠举行公祭。

1933 年 7 月

马尾要港司令部因司令部机关房屋不敷使用，经报海军部批准，将司令部迁入原船政衙门内，又因衙门建筑年久失修，申请将船政衙门拆除重建。

1934 年

海军部在马尾筹设海军大学，海军部部长陈绍宽兼任校长，海军马尾要港司令部司令李世甲兼任教育长，校址设在原船政衙门附近。

1935 年 8 月

福州海军艺术学校正式改为私立勤工初级机械科职业学校，简称“勤工学校”。

1937 年 9 月

因抗日战争全面爆发，勤工学校为躲避战火，从马尾迁往福州鼓山，以涌泉寺廨院为校舍。

1938 年 6 月

海军学校由福州鼓山迁离，经福建延平、浙江江山、江西南昌到达湖南湘潭，临时借用当地李氏大屋继续办学。

1938 年 8 月

勤工学校从福州鼓山迁往尤溪，以当地的朱子祠为校舍。

1938 年 10 月

海军学校由湖南出发，绕经广西，迁抵贵州桐梓，以租用的金氏节孝祠为临时校址，继续办学。

1938 年

《福建通志》出版，列有一卷《船政志》。

1938 年

为躲避战火，海军马尾造船所将部分机器物资迁移至南平峡阳溪中庙保管。

1940 年 10 月 14 日

海军马尾造船所统计战时损失，自 1938 年 6 月 12 日至 1939 年 5 月 17 日遭受日军飞机轰炸，损失建筑物、机器、物料、工具等，以当时货币计算，共价值 1 594 018 元。

1941 年 4 月 21 日

日本侵略军占领马尾，海军马尾造船所沦陷。

1941 年 9 月

日军撤离福州，海军陆战队第 2 旅第 4 团收复马尾。

1941 年 10 月 15 日

海军学校统计战时损失，马尾沦陷和学校迁移途中遭受日军飞机轰炸损失校舍、教具、图书等，以当时货币计算，共价值 4 021 600 元。

1941 年

勤工学校从尤溪迁往将乐高滩，以当地的汀州会馆、大黄家祠、廖家祠为校舍。

1944 年 10 月 4 日

日本侵略军攻占马尾，海军马尾造船所再度沦陷。

1944 年

福建省政府委托勤工学校在将乐高滩成立福建省立林森高级商船职业学校（简称“林森商船学校”），陈钟新任校长。

1945 年 5 月 17 日

海军陆战队第 2 旅第 4 团等部队收复福州、马尾。

1945 年 10 月

海军学校由贵州桐梓迁至重庆，暂驻山洞原海军总司令部内。

1946 年

海军学校奉命并入海军军官学校。

1946 年 10 月

海军成立马尾造船所保管组。

1946 年

勤工学校和林森商船学校合并，更名为福建省立林森高级航空机械商船职业学校（简称“高航学校”，中华人民共和国成立后称福建省高级航空机械商船职业学校）。

1947 年 8 月

马尾造船所保管组和闽江口要塞保管组合并，编成马尾造船所筹备处。

1948 年

福建省政府与台湾省政府协商，从台湾调拨缴获的日本零式战斗机、教练机各 1 架，运至马尾作为高航学校教具。

1949 年 8 月 16 日

中国人民解放军第 31 军第 91 师“济南第二团”等部解放马尾。

1949 年 9 月

华东军区海军党委决定成立中国人民解放军华东军区海军驻福州办事处，负责接管福州、厦门地区的原国民党海军机关、财产，登记原海军人员。办事处下辖警卫连及马尾、厦门工厂。

1949 年 10 月

中华人民共和国成立。原马尾造船所工人参加支前工作，加入中国人民解放军在福建沿海成立的流动修船厂，抢修舰艇。原工厂遗留的机器、物料迁往前线流动工厂。

1949 年 11 月

中国人民解放军第 28 军第一大队进驻马尾造船所旧址。

1952 年

福建省高航学校停办。航海科师生调入私立集美高级水产航海职业学校，造船、轮机、航空机械专业师生及教学设备并入福建省福州高级工业职业学校。

1952 年

马尾造船所旧址部分场地被划出，作为福建省建设厅砖瓦厂。

1953 年

造船科调入上海船舶工业学校。

1953 年初

中国人民解放军第28军后方勤务处工厂从君竹乡迁至马江昭忠祠，番号改为中国人民解放军第 85 师船管科修船处工厂。

1954 年 4 月

中国人民解放军第 85 师船管科修船处工厂由马江昭忠祠迁入马尾造船所旧址，开始修造船工作，后更名为水兵师修船一厂。

同年 5 月，福建省建设厅砖瓦厂从马尾造船所旧址搬离。

1957 年

台湾“中央研究院近代史研究所”编辑的清末总理各国事务衙门档案以《海防档》书名出版，其中，乙辑《福州船厂》收录清代船政与总理各国事务衙门的大量往来公文。

1958 年

福州军区将修船一厂移交福建省交通厅，该厂与福州港务局船舶修造厂合并，更名为福建省交通厅福州航运管理局马尾造船厂。

1959 年

福建师范学院（今福建师范大学）林庆元、张晓东、徐恭生等，与福州市文联有关人员一起在上海和福州地区开展船政史料的收集和口述史访问。

马尾造船厂接收马尾补习中学，创办中级技术文化学校。

1961 年

中国史学会主编中国近代史资料丛刊《洋务运动》出版，其中，第五册专门辑录船政史料。

1978 年

经福建省革命委员会批准，创办福建省航运技工学校，为福建省交通厅直属校，同时在马尾造船厂内设福建省航运技工学校马尾造船厂分校。

福建省船舶技工学校复办，挂靠马尾造船厂。

1981 年 5 月 1 日

勤工、商船、高航三校校友在榕集会，庆祝校庆，推举代表写信向中共福建省委、福建省人民政府建议复办福建马尾商船学校。

1982 年 5 月

福建省人民政府批准省交通厅开办福建马尾商船学校（同年 10 月 6 日在马尾国际海员俱乐部举行复办开学典礼）。

1983 年 1 月 1 日

福建省船舶工业公司成立，马尾造船厂为下属骨干企业。

1983 年 2 月 23 日

福建省交通厅决定福建马尾商船学校与福建省航运技工学校合并建制，“一套班子两块牌子”办学。

1984 年 8 月 23 日

由马江昭忠祠、烈士墓和马江海战炮台合辟的马江海战纪念馆开放。甲申马江海战 100 周年学术讨论会在马尾国际海员俱乐部举行。

1985 年 9 月 1 日

福建马尾商船学校与福建省航运技工学校分开建制，福建马尾商船学校借用福建省航运技工学校位于马尾新民村 35 号的新校舍办学。

1986 年 12 月 20 日

马尾区政协、马尾造船厂、马尾商船学校联合举行纪念船政创办 120 周年学术讨论会。

1986 年 12 月 23 日

马尾造船厂召开建厂 120 周年纪念会，同日厂史陈列馆开放，设在原船政绘事院内。

1986 年

福建人民出版社出版林庆元著《福建船政局史稿》。

1987 年

四川人民出版社出版沈传经著《福州船政局》。

台湾联经出版林崇墉著《沈葆桢与福州船政》。

福建省航运技工学校更名为福州海员学校。

1988 年 5 月 27 日

福建马尾商船学校更名为福建船政学校。

1991 年

福州市人民政府与福建省电视台摄制完成 13 集电视连续剧《马江之战》，全景式地表现了马江海战的历史经过，是第一部关于中法战争及船政的影视作品。

1992 年

中央电视台影视部摄制 12 集电视连续剧《北洋水师》，其中很大篇幅涉及船政学堂、马江海战、船政学堂毕业生在中日甲午战争中的表现。该剧获评第 12 届中国电视剧飞天奖长篇二等奖。

1994 年

福建船政学校从马尾迁至福州仓山区新校址。福建省船舶技工学校更名为福建省船舶工程技术学校。

1996 年 12 月 21 日

马尾开发区、马尾造船厂等单位联合举办的船政文化国际学术研讨会在马尾开幕，“船政文化”一词首次在公开学术活动中使用。

1997 年

位于马限山麓的中国近代海军博物馆动工建设。

1998 年 5 月 22 日

中国近代海军博物馆建成开馆。

1999 年

福建船政学校与福建交通学校、福建省交通干部学校、福建省公路工程技工学校四校合并，建立福建交通职业技术学院。

2001 年 6 月 25 日

国务院公布第五批全国重点文物保护单位，福建船政建筑入选。

2001 年末

福建省马尾造船厂改制为福建省马尾造船股份有限公司。

2002 年 6 月 22 日

退役 037 型猎潜艇“松江”号停泊至原福州船政局一号船坞。

2002 年
时任福建省省长的习近平在马尾造船股份有限公司调研时说："我们的造船工业要想真正发展好，还是要把重心放在提高技术水平上，不要总干'苦力活儿'，要着眼高精尖，解决国产化，掌握主动权。"

2002 年
福州海员学校更名为福建省航运学校。

2003 年 8 月 19 日
经福州市马尾区民政局批准，马尾船政文化研究会成立。

2004 年 9 月 23 日
中国近代海军博物馆更名为中国船政文化博物馆。

2005 年 7 月 28 日
福州中国船政文化建设管理处成立，加挂中国船政文化建设领导小组办公室牌子，隶属马尾区人民政府直管，中国船政文化博物馆、马江海战纪念馆、罗星塔公园、马限山纪念园划归其管理。

2005 年 11 月 20 日
中宣部公布第三批全国爱国主义教育示范基地，福州马尾船政文化遗址群入选。

2006 年 11 月 1 日
中国船政文化博物馆与香港历史博物馆在香港海防博物馆联合举办"福建船政——近代中国海军的摇篮"特展。

2010 年 12 月 22 日
中国船政文化博物馆"福建船政——清末自强运动的先驱"特展在台湾台北长荣海事博物馆开展，至 2011 年 8 月 23 日闭幕，共接待参观者 2 万余人次。

2011 年 5 月 8 日
经福建省人民政府审议决定，福建交通职业技术学院更名为福建船政交通职业学院。

2013 年 7 月 16 日
福建船政文化保护开发有限公司注册成立。

2013年10月15日

船政衙门及前、后学堂的复建工程启动。

2014年6月

中国船政文化博物馆"福州故事"专题展在法国圣纳泽尔市和拉波勒市开展。

2014年6月17日

中国船政文化博物馆"船政与台湾——纪念沈葆桢抚台140周年"特展在台湾高雄科学工艺博物馆开展。

2014年6月20日

中国船政文化博物馆"船政与台湾——纪念沈葆桢抚台140周年"特展在台湾台北长荣海事博物馆开展。

2014年8月23日

马江海战130周年和中日甲午战争120周年，马江昭忠祠举行海峡两岸各界公祭马江海战英烈、中日甲午战争英烈活动。

2014年

中国中央电视台、中共福建省委宣传部、福建省广播影视集团、中共福州市委宣传部、中共马尾区委宣传部联合摄制6集电视纪录片《船政学堂》，获评第十三届精神文明建设"五个一工程"优秀作品。

2016年12月23日

中国船政文化博物馆"一个法国人的中国梦"专题展览在船政格致园开展，法国学者魏延年、日意格后裔古欣夫人等共同参观。

福建省马尾造船股份有限公司搬迁至连江粗芦岛新址。

2016年

商务印书馆出版沈岩主编《船政志》。

福建人民出版社出版陈悦著《船政史》。

2017年

福州市中国船政文化景区入选第一批"全国中小学生研学实践教育基地"。

2018年5月18日

中国船政文化博物馆与宁波中国港口博物馆联合主办的"一个法国人的中国梦"特展在浙江宁波中国港口博物馆开展。

2018 年 12 月 28 日
中国船政文化博物馆与南湖革命纪念馆合作举办的“福建船政——清末自强运动的先驱”特展在浙江嘉兴开展。

2019 年 6 月 12 日
中国船政文化博物馆与中国甲午战争博物院联合举办的“船政留学生的兴国梦暨自强不息首创飞机”特展在山东威海开展。

2019 年 12 月 15 日
中国船政文化城马尾造船厂片区保护建设工程开工。该工程位于马尾造船厂旧址，面积约 0.25 平方千米，由福州新区开发投资集团有限公司与马尾区共同开发建设。

2020 年 12 月 17 日
工业和信息化部公布第四批国家工业遗产，福建船政入选。

2021 年 2 月 8 日
中国船政文化博物馆展陈提升工程完成。

2021 年
福州市成立福建船政文化管理委员会。

2022 年 1 月 3 日
中国船政文化博物馆新馆舍开馆启用，基本展览陈列“自强之道——船政历史文化陈列”“闽都瑰宝——船政文化揽胜”开展。

2022 年 5 月 24 日
福州经济技术开发区船政勤工建设发展有限公司注册成立。

2022 年 7 月 14 日
福建船政文化管理委员会规划的船政文化基因工程宣布启动。

2022 年 8 月 18 日
教育部办公厅等八部门公布首批“大思政课”实践教学基地，福州市中国船政文化景区入选。

2023 年 1 月 18 日
中国船政文化城核心区对外开放。

2023 年 5 月 15 日
“探索二号”科考船在中国船政文化城停靠（本月 18 日获授“中国船政文化博物馆海上分馆”牌匾）。

2023 年 5 月 30 日
福建最忆船政文旅发展有限公司注册成立。

2023 年 6 月 15 日
大连海事大学“育鲲”号教学船到访船政，开启“船政文化寻根”之旅。

2023 年 9 月
中国船政文化博物馆学术集刊《船政》第一辑出版。

2023 年 10 月 24 日
中国船政文化博物馆“自强之道——船政历史文化陈列”展览在新疆维吾尔自治区奇台县奇台博物馆开展。

2023 年 12 月 23 日
福建船政文化研究院揭牌成立。
第一部船政历史题材实景演艺作品《最忆船政》在中国船政文化城内公演。

2023 年
福建船政联合天津北洋水师大沽船坞遗址申报中国世界文化遗产预备名单。

2024 年 7 月
中国船政文化博物馆“福建船政文化巴黎展”展览在欧洲时报文化中心开展。

2024 年 8 月 7 日
中国船政文化博物馆“自强之道——船政历史文化陈列”展览在宁夏师范大学美术学院一楼开展。

2024 年 8 月 23 日
中国船政文化博物馆获评国家二级博物馆。

# 后记

1866年创立的船政，为中国近代工业、近代海军、近代教育的诞生和发展作出了可贵的贡献，在其不懈发展的历程中，产生了大量值得传承、弘扬的物质和精神财富，今天被统一称为船政文化。

几乎在船政诞生的同时，围绕这一机构及其事务的学术性研究就同步出现。19世纪70年代初，时任船政委员的黄维煊写成《福建船政局厂告成记》，时任船政洋员正监督的法国人日意格著成《福州军械厂及其成果》（*L'ARSENAL DE FOU-TCHEOU: SES RÉSULTATS*），这些是船政历史研究最初的重要成果，而后各种围绕船政历史的研究成果不断涌现，代有其人，其中有海内外研究者们的努力，也有福州、马尾地方文史工作者的苦心坚守和奔走呼吁，让这个19世纪诞生的传奇不湮没于时光，历经岁月洗礼，始终熠熠生辉。1997年，中国船政文化博物馆的前身中国近代海军博物馆在马江昭忠祠西侧奠基建设，1998年落成开馆，2004年更名为中国船政文化博物馆，成为研究和弘扬船政历史文化的重要阵地，馆内展览陈列的每一次更新，都体现着船政文化建设和研究工作的新成果。

马尾造船股份有限公司整体迁往闽江口的粗芦岛后，福州市、马尾区从2019年开始对百年船政旧址进行保护修缮，以“大博物馆”的理念开展活化利用，中国船政文化博物馆在2022年迁至百年船政旧址，新的馆舍就位于百年前船政不断创造成就和希望的平台——船台的位置上。新的基本陈列以更广阔的视野，将船政的发展置于中华民族历史和命运的大背景中叙述和评价，不仅弘扬其历史价值，更揭示其现实意义，是21世纪船政文化研究思路和成果的集中呈现。因此，本书所展示的不仅仅是中国船政文化博物馆的展览陈列，实际上也展开了一幅壮阔的船政历史图卷，是对船政历史研究和文化工作进展的记录。

中国船政文化博物馆担负着典藏船政文物、研究船政文化、弘扬船政精神的神圣使命，建馆以来在各级领导和主管机构的关心指导下，在兄弟馆、园，学术研究机构和团体以及包括研究学者、船政校友、船政后裔、近代海军后裔在内的社会各界人士的热心帮助下，得以持续发展进步，谨在此致以由衷的谢意！

中国船政文化博物馆

2025年1月

图书在版编目（CIP）数据

自强之道：船政历史文化陈列 / 中国船政文化博物馆编. -- 福州：福建人民出版社, 2025. 1. -- ISBN 978-7-211-09735-7

Ⅰ. F426.474-64

中国国家版本馆CIP数据核字第2025JR4358号

自强之道——船政历史文化陈列

ZIQIANG ZHI DAO——CHUANZHENG LISHI WENHUA CHENLIE

作　　者：中国船政文化博物馆
策划编辑：孙　颖
责任编辑：李雯婷　周跃进
助理编辑：林冰慧
美术编辑：白　玫
责任校对：李雪莹
装帧设计：杨　赓　陈青霞
图　　片：陈李非　林　熙
　　　　　中国船政文化博物馆
出版发行：福建人民出版社
电　　话：0591-87604366(发行部)
网　　址：http://www.fjpph.com
电子邮箱：fjpph7211@126.com
地　　址：福州市东水路76号
邮　　编：350001
经　　销：福建新华发行（集团）有限责任公司
印　　刷：福州德安彩色印刷有限公司
地　　址：福州市金山工业区浦上B区42幢
开　　本：889毫米 × 1194毫米　1/16
印　　张：16.25
字　　数：139千字
版　　次：2025年1月第1版
印　　次：2025年1月第1次印刷
书　　号：ISBN 978-7-211-09735-7
定　　价：158.00元